Brigitte E. Kochenburger

„Komm, wir spielen Religion!"

Brett- und Gesellschaftsspiele für
den Religionsunterricht in den Klassen 1–6
und die pastorale Jugendarbeit

Auer Verlag GmbH

Gedruckt auf umweltbewusst gefertigtem, chlorfrei gebleichtem
und alterungsbeständigem Papier.

1. Auflage 2004
Nach der Neuregelung der deutschen Rechtschreibung

Illustrationen: Charlotte Wagner, Dortmund
Satz: Fotosatz Buck, Kumhausen
Druck und Bindung: Ludwig Auer GmbH, Donauwörth
ISBN 3-403-0**4033**-X

Inhaltsverzeichnis

Einleitung

In diesem Spielbuch befinden sich viele Brett- und Gesellschaftsspiele, die von Kindern und Jugendlichen in Schule und Gemeinde mit wenig Aufwand erst selbst gestaltet und dann gespielt werden können.
Bei den Spielen handelt es sich um einige bekannte Spiele, die für das Fach Religion umgestaltet wurden. Die meisten Spiele aber wurden speziell für die Inhalte des Religionsunterrichts und die pastorale Jugendarbeit entwickelt.
Das Ziel bei allen Spielen ist es, das Interesse für Religion auf spielerische Weise zu wecken, das Wissen der Spieler/innen auszuschöpfen, beim Gestalten der Spielpläne die kreativen Fähigkeiten zu wecken und – nicht zuletzt – bei der Durchführung der Spiele das Sozialverhalten der Spieler/innen zu stärken.
Da die Spiele für den Religionsunterricht und die pastorale Jugendarbeit und ebenso für die Spieler/innen entwickelt wurden, können und sollten sie an die eigenen Bedürfnisse angepasst werden. Das heißt, es können neue und aktuelle Inhalte hinzugefügt und die Spielregeln dürfen geändert werden.

Das Buch ist wie folgt aufgeteilt

- Zuerst werden in einer **Übersicht** alle Spiele in einer kurzen Zusammenfassung vorgestellt, die Angaben zum Inhalt der Spiele, zu Anzahl und Alter der Spieler/innen, dem Spieltyp, dem voraussichtlichen Zeitaufwand für die Durchführung des Spiels und dem thematischen Zusammenhang enthält.
- Anschließend wird in den **Allgemeinen Hinweisen** beschrieben, wie die Spielpläne gestaltet werden können, was bei der Durchführung der Spiele zu beachten ist und wie die Spiele den eigenen Bedürfnissen angepasst werden können.
- Schließlich folgen die **Kapitel mit den Spielen** des Buches, die alle nach dem gleichen Schema geschrieben wurden:
- Erst kommt der **Spielplan**, der als Kopiervorlage vorliegt, und beim Kopieren in der Regel auf DIN A3 vergrößert werden sollte.
- Auf den Seiten hinter dem Spielplan folgen die **Anleitung** des Spiels mit einer Beschreibung des benötigten Spielmaterials, den Hinweisen zur Gestaltung der Spiele und den Spielregeln.
- Wenn vorhanden, folgen die **Blankovorlagen bzw. Blankokarten**, die für die Anpassung der Spiele an eigene Themen oder Bedürfnisse nötig sind.
- Bei Spielen, für die Spielkarten benötigt werden, gibt es noch ca. 5 bis 6 vorgefertigte Kopiervorlagen. Es sind **Frage- oder Ereigniskarten** für die Spiele, beim Spiel „Jerupolis“ auch **Spielgeld**.

Anmerkungen

- Alle Angaben zur Bibel beziehen sich auf die Einheitsübersetzung der Heiligen Schrift.
- Das Buch folgt den Richtlinien der Neuen Rechtschreibung.

Übersicht über die Spiele und ihren thematischen Zusammenhang

Activity – Religion edition

Spieltyp	Thematischer Zusammenhang	ab Klasse	Anzahl der Spieler	Zeit in Minuten
Bewegungsspiel Mal- und Sprachspiel Gruppenspiel	Religion allgemein	3	ab 4	45

Kurzbeschreibung
- Sehr lebhaftes Ratespiel um Begriffe aus allen Themen des Religionsunterrichts.
- Es geht darum, innerhalb einer vorgegebenen Zeit Begriffe darzustellen, die von der eigenen Mannschaft erraten werden müssen.
- Die zu erratenden Begriffe werden gezeichnet, pantomimisch dargestellt oder beschrieben.
- Man muss das Zielfeld auf dem Spielplan als Erster erreichen.

Auf dem Weg

Spieltyp	Thematischer Zusammenhang	ab Klasse	Anzahl der Spieler	Zeit in Minuten
Verlaufsspiel	Geschichten aus der Bibel und dem Religionsunterricht	1	ab 2	20–45

Kurzbeschreibung
- Es geht von einem Startfeld aus über einen Parcours zum Ziel, wobei man Ereignisfelder betreten kann.
- Wer auf ein Ereignisfeld kommt, muss bestimmte Aufgaben zu einem vorgegebenen Thema erledigen bzw. Fragen beantworten.
- In der Regel muss die Geschichte bekannt sein.

Das Advents-Würfelspiel

Spieltyp	Thematischer Zusammenhang	ab Klasse	Anzahl der Spieler	Zeit in Minuten
Laufspiel	Advent und Weihnachten	1	ab 2	20–45

Kurzbeschreibung
- Ohne Vorwissen einsetzbares Laufspiel mit wenigen Spielregeln.
- Das Spiel eignet sich gut als Weihnachtsgeschenk, das die Schüler/innen im Religionsunterricht herstellen können.

Das Buch der Weisheit

Spieltyp	Thematischer Zusammenhang	ab Klasse	Anzahl der Spieler	Zeit in Minuten
Sprach- und Konzentrationsspiel	Religion allgemein	2	ab 6	ab 10

Kurzbeschreibung
- Sehr lebhaftes und häufig lustiges Sprechspiel um alle Themen aus dem Bereich Religion und Kirche.
- Ein vorgegebener Begriff muss innerhalb einer bestimmten Zeit beschrieben werden, wobei es drei bis fünf Tabu-Wörter gibt, die man beim Beschreiben nicht aussprechen darf.
- Nach dem Gesellschaftsspiel: Tabu.

Das Freundschaftsspiel

Spieltyp	Thematischer Zusammenhang	ab Klasse	Anzahl der Spieler	Zeit in Minuten
Gemeinschaftsspiel	Dritte Welt/Kinder einer Welt Freundschaft Toleranz	1	2–6 pro Spielplan	30–45

Kurzbeschreibung
- Friedliches Spiel, bei dem sich die Spielfiguren in der Mitte des Spielplanes treffen und man anschließend friedlich wieder nach Hause (ins Start- und Zielfeld) zieht.

Das Jungen- und Mädchenspiel

Spieltyp	Thematischer Zusammenhang	ab Klasse	Anzahl der Spieler	Zeit in Minuten
Gruppenspiel Laufspiel	Erwachsen werden Leben in der Gruppe (Gesellschaft, Kirche) Mit Konflikten leben Rollenverhalten – Sozialverhalten	4	je drei Jungen und drei Mädchen pro Spielplan	45

Kurzbeschreibung
- Lebhaftes Gruppenspiel, das zum Nachdenken über typisch männliches oder typisch weibliches Rollenverhalten anregt.
- Keine Vorkenntnisse nötig.
- Besonders für Jugendliche interessant.

Das Kirchenjahr

Spieltyp	Thematischer Zusammenhang	ab Klasse	Anzahl der Spieler	Zeit in Minuten
Wissensspiel Laufspiel	Feste und Feiern im Kirchenjahr Religiöses Brauchtum	5	3–6 pro Spielplan	45

Kurzbeschreibung
- Laufspiel mit Ereignisfeldern.
- Geeignet, wenn die Spieler/innen etwas Vorwissen mitbringen.

Das Königsspiel von Ur

Spieltyp	Thematischer Zusammenhang	ab Klasse	Anzahl der Spieler	Zeit in Minuten
Partnerspiel Strategiespiel	Abraham Ägypten	4	2 pro Spielplan	20–45

Kurzbeschreibung
- Strategiespiel in zwei Variationen: Mit oder ohne Würfel zu spielen.
- Es geht – ähnlich wie beim Damespiel – darum, seine Spielsteine zu behalten.
- Kein Vorwissen erforderlich.
- Das Spiel eignet sich gut als Geschenk, da es ausgestaltet sehr dekorativ ist und nie langweilig wird.

Das Mandala-Spiel

Spieltyp	Thematischer Zusammenhang	ab Klasse	Anzahl der Spieler	Zeit in Minuten
Malspiel Laufspiel	Beten und Meditieren Religion und Kunst Weltreligionen (v.a. Buddhismus)	1	2–6 pro Spielplan	45

Kurzbeschreibung
- Laufspiel, bei dem das Betreten der Farbfelder darüber entscheidet, mit welchen Farben das am Ende des Spieles gewonnene Mandala ausgemalt werden muss.
- Fördert die Konzentration.

Das Nikolausspiel

Spieltyp	Thematischer Zusammenhang	ab Klasse	Anzahl der Spieler	Zeit in Minuten
Laufspiel Glücksspiel Strategiespiel	Advent und Weihnachten Das Kirchenjahr und seine Feste Nikolaus von Myra	1	2–6 pro Spielplan	45

Kurzbeschreibung
- Bei diesem Laufspiel heißt es aufzupassen, denn man kann mit etwas Übersicht kleine Preise gewinnen. Man kann allerdings auch Pech haben und am Ende des Spieles leer ausgehen.
- Kein Vorwissen erforderlich.

Das Spiel

Spieltyp	Thematischer Zusammenhang	ab Klasse	Anzahl der Spieler	Zeit in Minuten
Kreisspiel Laufspiel	Geschichten aus Bibel und Religionsunterricht, die zu ihrem Ausgangspunkt zurück kommen	1	ab 2	20–45

Kurzbeschreibung
- Ähnlich wie bei den Spielen zu: „Auf dem Weg“.
- Zum Teil Vorwissen erforderlich, da es Ereignisfelder mit Fragen und Aufgaben gibt.

Das Spiel von der Nächstenliebe

Spieltyp	Thematischer Zusammenhang	ab Klasse	Anzahl der Spieler	Zeit in Minuten
Laufspiel	Gebote Gleichnisse Liebe Muttertag Nächstenliebe	3	2–6 pro Spielplan	45

Kurzbeschreibung
- Laufspiel mit Ereignisfeldern nach dem Malefizspiel, jedoch mit umgekehrten Vorzeichen (man ist gut zueinander).
- Geringe Vorkenntnisse erforderlich.
- Besonders für Jugendliche geeignet.

Das Wabenspiel

Spieltyp	Thematischer Zusammenhang	ab Klasse	Anzahl der Spieler	Zeit in Minuten
Legespiel Logikspiel Konzentrationsspiel Puzzle	Verschiedene Themen aus dem Religionsunterricht	4	1–3 pro Kartensatz	10–30

Kurzbeschreibung
- Wortpuzzle, bei dem möglichst viele Teile inhaltlich sinnvoll zusammengesetzt werden müssen.
- Etwas Vorwissen erforderlich.
- Für Tüftler und Denker geeignet.
- Bietet Gelegenheit für Diskussionen, da das Puzzle kreativ gelöst werden kann, d. h. es kann mehrere „richtige Lösungen“ geben.

Das Würfelspiel zum Kirchenjahr

Spieltyp	Thematischer Zusammenhang	ab Klasse	Anzahl der Spieler	Zeit in Minuten
Laufspiel	Das Kirchenjahr und seine Feste	4	2–6 pro Spielplan	30–45

Kurzbeschreibung
- Laufspiel mit Ereignis- und Fragefeldern.
- Vorwissen wird benötigt.

Der bunte Regenbogen

Spieltyp	Thematischer Zusammenhang	ab Klasse	Anzahl der Spieler	Zeit in Minuten
Laufspiel Glücksspiel	Noach Symbol Wasser (Taufe)	1	2–6 pro Spielplan	20–45

Kurzbeschreibung
- Mit etwas Glück gelingt es, die eigenen Figuren vom Start zum Ziel zu bringen.
- Sehr einfache Spielregeln.
- Kein Vorwissen nötig.

Der Stern von Betlehem

Spieltyp	Thematischer Zusammenhang	ab Klasse	Anzahl der Spieler	Zeit in Minuten
Laufspiel	Advent und Weihnachten	1	2–6 pro Spielplan	30–45

Kurzbeschreibung
- Laufspiel mit Ereignisfeldern. Das Spiel beinhaltet Elemente der Weihnachtsgeschichte.
- Wenig Vorwissen erforderlich.
- Das Spiel eignet sich als Weihnachtsgeschenk, das die Schüler/innen im Religionsunterricht herstellen.

Die Reise nach Jerusalem

Spieltyp	Thematischer Zusammenhang	ab Klasse	Anzahl der Spieler	Zeit in Minuten
Wissensspiel Gruppenspiel Konkurrenzspiel	Jesus Christus Palästina – Land Jesu Neues Testament	5	3–10 pro Spielplan	15–45

Kurzbeschreibung
- Spannendes und lebhaftes Laufspiel, bei dem man möglichst oft auf das Zielfeld gelangen muss, um eine Fragekarte ziehen zu dürfen.
- Wer am meisten weiß, gewinnt.
- Konkurrenten werden aus dem Feld geschlagen.

Jerupolis

Spieltyp	Thematischer Zusammenhang	ab Klasse	Anzahl der Spieler	Zeit in Minuten
Laufspiel Strategiespiel Wissensspiel Glücksspiel	Jerusalem Jesus Christus Palästina – Land Jesu Neues Testament	4	2–6 pro Spielplan	45–60

Kurzbeschreibung
- Vereinfachte Version des Monopoly-Spiels, auf die Bedürfnisse des Religionsunterrichts zugeschnitten.
- Vorwissen erforderlich.
- Es gibt Frage- und Ereigniskarten und auch Spielgeld für das Spiel.

Kompass

Spieltyp	Thematischer Zusammenhang	ab Klasse	Anzahl der Spieler	Zeit in Minuten
Laufspiel Wissensspiel	Bibel Kirchenjahr Gemeinde/Kirche Religion allgemein	4	2–4 pro Spielplan	30–45

Kurzbeschreibung
- Laufspiel mit Ereigniskarten. Es gilt, als Erster in die Mitte des Spielfeldes zu gelangen.
- Allgemeinbildung im Fach Religion benötigt.

Maria

Spieltyp	Thematischer Zusammenhang	ab Klasse	Anzahl der Spieler	Zeit in Minuten
Laufspiel	Evangelisch – katholisch Frauen der Bibel Maria Vorbilder des Glaubens	3	2–6 pro Spielplan	30–45

Kurzbeschreibung
- Laufspiel mit Ereignis- und Fragekarten.
- Wer die meisten Punkte erzielt, gewinnt das Spiel.
- Kann erst nach Beendigung des Themas „Maria" eingesetzt werden.

Pachisi

Spieltyp	Thematischer Zusammenhang	ab Klasse	Anzahl der Spieler	Zeit in Minuten
Laufspiel Glücksspiel Strategiespiel	Dritte Welt/Kinder einer Welt Freundschaft Toleranz Weltreligionen (v. a. Hinduismus)	4	2–4 pro Spielplan	30–45

Kurzbeschreibung
- Das erste Mensch-ärgere-dich-nicht-Spiel der Menschheitsgeschichte.
- Mit Glück und Strategie gelangt man ins Ziel.
- Kann als Spiel „Jeder gegen Jeden" oder als Gruppenspiel gespielt werden.
- Kein Vorwissen erforderlich.

Und Frieden auf Erden

Spieltyp	Thematischer Zusammenhang	ab Klasse	Anzahl der Spieler	Zeit in Minuten
Laufspiel	Advent und Weihnachten Frieden und Toleranz	1	2–6 pro Spielplan	30–45

Kurzbeschreibung
- Neue Variation des Mensch-ärgere-dich-nicht-Spiels.
- Kein Vorwissen erforderlich.

Wer gewinnt?

Spieltyp	Thematischer Zusammenhang	ab Klasse	Anzahl der Spieler	Zeit in Minuten
Glücksspiel Malspiel	Ostern Symbole Weihnachten	1	ab 1	15

Kurzbeschreibung
- Unterhaltsames Malspiel, bei dem die erwürfelten Felder ausgemalt werden.
- Wer sein Bild zuerst ausgemalt hat, gewinnt das Spiel.
- Kein Vorwissen erforderlich.
- Das Spiel macht eigentlich nur in einer größeren Gruppe Spaß, kann aber auch allein und zum Zeitvertreib gespielt werden.

WortMeister

Spieltyp	Thematischer Zusammenhang	ab Klasse	Anzahl der Spieler	Zeit in Minuten
Schreibspiel Konzentrationsspiel	Alle Themen aus dem Religionsunterricht, bei dem fachspezifische Begriffe vorkommen	1	ab 2	20–45

Kurzbeschreibung

- Bei diesem Spiel versuchen die Spieler/innen, die Buchstaben von vorgegebenen Begriffen zu erwürfeln und Buchstabe für Buchstabe auf Zettel zu schreiben.
- Man spielt um Punkte.
- Kein Vorwissen nötig.

Allgemeine Hinweise zu den Spielen

Die Gestaltung der Spiele

Die Spielpläne

- Für die Durchführung der Spiele ist es fast immer am günstigsten, wenn die Spielpläne auf DIN A3 vergrößert werden.
- Außer den Startfeldern für Spielfiguren in bestimmten Farben, muss man einen Spielplan nicht unbedingt vollständig ausmalen, bevor man zum ersten Mal spielt.
- Es ist sinnvoll, mindestens einen fertig ausgemalten Spielplan nebst Anleitung und Ereigniskarten auf Lager zu haben, damit man ein Spiel ohne Vorbereitung spielen kann.
- Für eine Schulklasse bis 30 Schüler/innen benötigt man mindestens 5 vollständige Spiele, da ein Spiel mit zu vielen Teilnehmer/innen schnell langweilig wird (zu lange Wartezeit, bis man dran ist) oder zu Streit führen kann (weil man keinen Überblick mehr hat).
- Man kann die Spielpläne auf unterschiedliche Weise haltbar machen: Am billigsten ist es, einen fertigen Spielplan auf farbiges Tonpapier zu kleben und anschließend in eine DIN A3-große Prospekthülle zu schieben. Solche Prospekthüllen gibt es in der Schreibwarenabteilung der großen Kaufhäuser (10 Stück für ca. 5 Euro). Viel professioneller und schöner wirken die Spielpläne, wenn sie nach dem Ausmalen laminiert worden sind. Laminiergeräte gibt es inzwischen in den meisten Schulen und in jedem Kopierladen.

Die Spielfiguren

- In der Regel können die Figuren des Mensch-ärgere-dich-nicht-Spiels verwendet werden. Diese kann man in Päckchen zu 20 oder 30 „Männchen“ in der Spielabteilung der Kaufhäuser bzw. im Spielwarenladen kaufen.
- Man könnte während des Kunst- oder Religionsunterrichts auch eigene Spielfiguren aus Fimo, sonstiger Modelliermasse, Holz, Speckstein oder anderen geeigneten Materialien gestalten, die die Schüler/innen dann immer in ihren Federtaschen und Mäppchen aufbewahren können.
- Ansonsten eigenen sich Knöpfe, Münzen und kleine Gegenstände (Ringe, Miniradiergummis, Legosteine ...), die auf den Spielfeldern Platz haben. Die meisten Schüler/innen können Spielfiguren aus ihren Schul- und Hosentaschen zaubern, wenn es darum geht, ein Spiel zu spielen!
- Für die Spiele werden bis zu sechs verschiedene Farben und bis zu 4 Spielfiguren einer Farbe benötigt.

Sonstiges Spielmaterial

- Außer den Spielplänen, Spielfiguren und Spielkarten benötigt man meistens einen oder zwei Würfel; bei einigen Spielen auch noch eine Stoppuhr (Armbanduhr mit Sekundenzeiger), Notizzettel und Schreib- oder Farbstifte.

Die Ereigniskarten

- Zu manchen Spielen dieses Buches gibt es Ereigniskarten. Diese müssen als kompletter Spielsatz kopiert und ausgeschnitten werden. Es genügt, sie auf Normalpapier zu kopieren, wenn man in großen Gruppen spielt, da evtl. beschädigte Karten schnell ersetzt werden können.
- Benötigt man allerdings nur ein oder zwei komplette Spiele, so ist es sinnvoll, auch die Spielkarten haltbar zu machen, indem man sie nach dem Kopieren laminiert und dann erst ausschneidet.

Blankokarten

- Neben den fertig formulierten Frage- oder Ereigniskarten gibt es bei etlichen Spielen Vorlagen mit Blankokarten. Mit Hilfe dieser selbst auszufüllenden Vorlagen können die Spiele den eigenen Bedürfnissen besser angepasst werden, indem man zum Beispiel Karten zu eigenen Themen schreibt bzw. im Unterricht schreiben lässt; dazu am besten Schülergruppen mit bestimmten Aufgaben bilden.
- Vor dem Ausfüllen der Blankokarten sollten die Fragen oder Aufgaben auf Notizzettel geschrieben und auf korrekte Rechtschreibung oder inhaltliche Fehler geprüft werden.
- Da manche Karten ziemlich wenig Platz zum Schreiben (mit der Hand) haben, kann man die DIN A4-Kopiervorlagen in diesem Fall auf DIN A3 vergrößern und die Karten im Spiel neben den Spielplan ablegen.

Die Durchführung der Spiele

Die Spielgruppen

- Nicht nur Schulklassen, sondern jeder, der gerne spielt, kann die Spiele dieses Buches für sich nutzen.
- Die Spiele orientieren sich thematisch am Lehrplan für den Religionsunterricht ab der 1. Jahrgangsstufe bis zur Mittelstufe. Auf jeder Spielanleitung ist die Jahrgangsstufe angegeben, ab der ein Spiel eingesetzt werden kann. Diese Angaben sind nicht zwingend.
- Da die Spiele Blankovorlagen (s. o.) haben, können sie auf jede Altersgruppe abgestimmt werden.

Spielen in Großgruppen/Schulklassen

- Wer gute Nerven hat, kann die Spiele in einer großen Klasse/Spielrunde in Gruppen bis zu 6 Spieler/innen durchführen. Dazu sollte man die Klasse einigermaßen kennen. Erfahrungsgemäß ergibt sich beim Spielen ein Geräuschpegel, der je nach Temperament der Spieler/innen sehr hoch ansteigen kann. Klassen/Gruppen, die sich gut konzentrieren können oder deren Sozialverhalten gut entwickelt ist, werden sich so in das Spiel vertiefen, dass ein Außenstehender (z. B. der Aufsicht führende Lehrer) sich, was die Lautstärke im Raum betrifft, nicht belästigt fühlt. Hier ist Mut zum Ausprobieren gefordert.
- Bei Großgruppen ist es jedoch schonender für die Nerven, die Spiele jeweils von einer einzigen Gruppe hinten im Raum durchzuführen, während die anderen sich anderweitig beschäftigen (z. B. malen). In der nächsten Stunde wird dann rotiert, d. h. eine neue Gruppe spielt und die Spieler der letzten Stunde erledigen die Aufgaben, die die anderen schon gelöst haben.
- Am günstigsten ist es, wenn man mehrere Räume zur Verfügung hat, auf die man die einzelnen Spielgruppen verteilen kann.

Die Spielorte

- Gespielt werden kann jederzeit in geschlossenen Räumen, sei es in Klassenräumen oder in den Gruppenräumen einer Pfarrgemeinde.
- Oft wollen die Spieler/innen ein eigenes Spiel haben, um es zu Hause nachspielen zu können.

Die Spielregeln

- Die meisten Spiele dieses Buches sind für den Religionsunterricht oder die pastorale Jugendarbeit in den Gemeinden neu erfunden worden. Einige Spiele sind bekannten Gesellschaftsspielen nachempfunden und an die Bedürfnisse des Religionsunterrichts angepasst. Daher ist es selbstverständlich, dass die Spielregeln der Spiele ebenfalls den eigenen Gegebenheiten angepasst werden dürfen. Wenn zum Beispiel eine Regel besagt, dass man nach einer 6 nicht noch einmal würfeln darf, so kann man dies erlauben, damit das Spiel schneller (etwa vor dem Schulklingeln!) beendet werden kann.

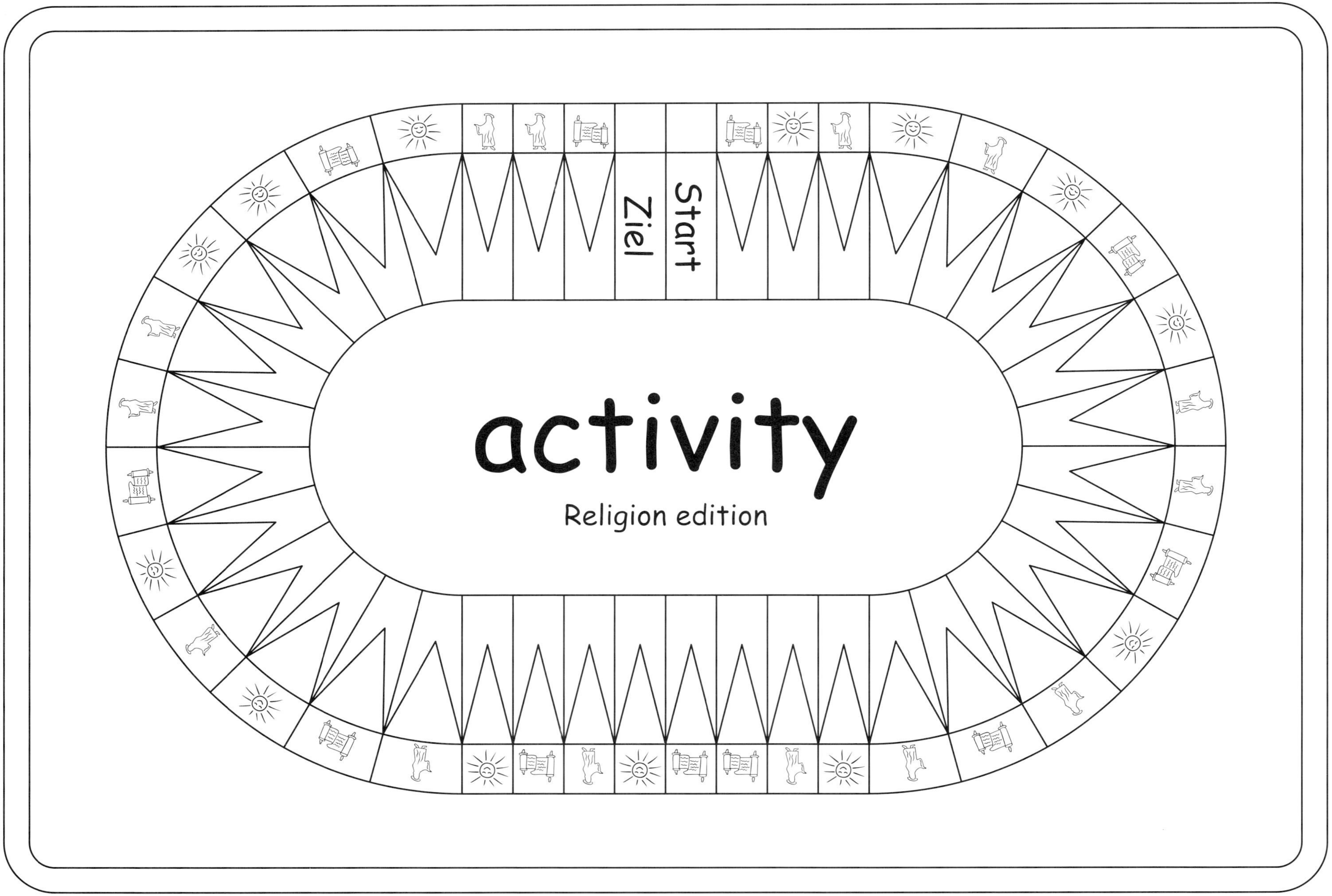
Start
Ziel
activity
Religion edition

Activity – Religion edition

Vorbereitung, Spielregeln, Gestaltung

ab Klasse 3

Spielmaterial

Für das Spiel: Ein Spielplan „activity – Religion edition“, pro Mannschaft eine von insgesamt vier Spielfiguren, ein Würfel, eine Stoppuhr (Uhr mit Sekundenzeiger), Stifte, Zettel und viele Activity-Karten.

Für die Gestaltung des Spiels: Ein leerer Activity-Spielplan (DIN A3), farbige Stifte, Prospekthülle (DIN A3).

Vorbereitung

Vor dem Spiel muss der Spielplan gestaltet werden:

Jeweils gleiche Felder – , , und – werden mit der gleichen Farbe (z. B. braun, grün und gelb) gestaltet. Start- und Zielfeld wiederum erhalten eine weitere Farbe (z. B. hellblau und dunkelblau).

Ältere Schüler/innen können vor dem Spiel noch weitere Activity-Karten erstellen. Dazu die Blankokarten entsprechend oft kopieren.

Die **Spielkarten** sind alle nach dem gleichen Schema aufgebaut; beim Erstellen neuer Karten muss auf Folgendes geachtet werden:

Begriffe, die hinter der **Schriftrolle** stehen, müssen **gezeichnet** werden können.

Begriffe, die hinter der **Sonne** stehen, müssen **beschreibbar** sein und

Begriffe, die hinter der **Jesusfigur** stehen, müssen **pantomimisch darstellbar** sein.

Beispiel

ACTIVITY – RELIGION EDITION

Kapelle

Glocke

Pfarrer

Spielverlauf und Spielregeln

Pro Spiel können bis zu vier Mannschaften mit jeweils 2 bis 4 Spieler/innen teilnehmen. In einer Schulklasse bräuchte man daher mindestens 2 Spielpläne, denen entsprechend viele Schüler/innen zugeordnet werden.

Jedes Team stellt seine Spielfigur auf das Startfeld.

Die **Activity-Karten** werden gemischt und mit der Schrift nach unten als Stapel neben den Spielplan gelegt.

Die Mannschaft, die in einer ersten Würfelrunde die höchste Punktzahl erreicht, beginnt das Spiel.

Gewürfelt wird im Uhrzeigersinn. Bei einer 6 darf nicht noch einmal gewürfelt werden. Es wird nicht geschlagen, d. h. es dürfen mehrere Spielfiguren auf einem Feld stehen.

Vor dem Würfeln bestimmt die jeweilige Mannschaft einen Spieler, der die gleich kommende Aufgabe zu lösen hat. Dieser Spieler würfelt einmal und zieht so viele Felder weiter, wie er erwürfelt hat.

Dabei kommt er entweder auf einem Feld mit einer Schriftrolle, einer Sonne oder einer Jesusfigur zum Stehen.

Anschließend muss er eine Activity-Karte ziehen. Diese darf er seinen Mitspielern auf keinen Fall zeigen! Er hat 10 Sekunden Zeit, sich den Begriff zu merken, den er gleich seinem Team vermitteln muss. Dann legt er die Karte verdeckt vor sich ab.

Jede Activity-Karte enthält drei Begriffe:

Der Begriff hinter der Schriftrolle muss vom Spieler auf einen Zettel gezeichnet werden. Dabei darf der Spieler nicht sprechen und auch keine Gesten machen, die seinem Team Hinweise zur Lösung des Begriffes geben können. Die Zeichnung darf weder Zahlen noch Buchstaben enthalten.

Der Begriff hinter der Sonne muss vom Spieler beschrieben werden. Dabei darf er den Begriff weder ganz, noch teilweise, noch in abgewandelter Form aussprechen.

Der Begriff hinter der Jesusfigur muss pantomimisch dargestellt werden. Dabei sind Sprechen und Geräusche verboten. Ebenso darf nicht auf Gegenstände gezeigt werden bzw. man darf keine Gegenstände in die Hand nehmen. Auf seinen eigenen Körper darf man jedoch zeigen.

Nun muss der Spieler versuchen, den seinem Spielfeld zugeordneten Begriff seinem Team zu übermitteln. Dazu hat er genau 60 Sekunden Zeit. Gelingt es seiner Mannschaft, den Begriff (durch lautes Rufen) zu erraten, hat die Mannschaft das Recht, bei der nächsten Runde weiterzuwürfeln und so dem Ziel näher zu kommen. Der Spieler, der den gesuchten Begriff darstellt, darf auf die Zurufe nicht reagieren, außer es wird die richtige Antwort ausgerufen. Sonst ist der Spieler des nächsten Teams an der Reihe.

Gelingt es der Mannschaft nicht, den Begriff innerhalb der Zeit zu erraten bzw. wurde eine der oben beschriebenen Regeln verletzt, muss die Mannschaft in der nächsten Runde auf dem Feld stehen bleiben und eine neue Activity-Karte ziehen.

Wird eine Spielregel verletzt, zum Beispiel, wenn der Spieler bei der pantomimischen Darstellung etwas gesagt hat, muss die Spielfigur um 3 Felder zurück gezogen werden und das nächste Team kommt an die Reihe. In der nächsten Runde darf jedoch wieder gewürfelt werden.

Ziel des Spiels

Die Mannschaft, deren Spielfigur als Erste das Ziel erreicht, hat gewonnen. Dabei muss man nicht mit einer genauen Punktzahl ins Ziel gelangen. Würfelt ein Spieler, der 3 Felder vor dem Ziel steht, z. B. eine 5, hat er das Ziel erreicht. Die restliche Punktzahl seines Wurfes verfällt.

Literaturhinweis

Spiel frei nach: Catty/Führer, ACTIVITY-Kompaktausgabe, PIATNIK Spielverlag, Wien 1992.

Activity-Religion edition – Blankokarten

ACTIVITY – RELIGION EDITION

ACTIVITY – RELIGION EDITION

ACTIVITY – RELIGION EDITION

ACTIVITY – RELIGION EDITION

ACTIVITY – RELIGION EDITION

ACTIVITY – RELIGION EDITION

ACTIVITY – RELIGION EDITION

ACTIVITY – RELIGION EDITION

ACTIVITY – RELIGION EDITION

ACTIVITY – RELIGION EDITION

= zeichnen = beschreiben = darstellen

Activity-Religion edition – Kartenset 1

ACTIVITY – RELIGION EDITION
Die Kapelle
Die Glocke
Der Pfarrer

ACTIVITY – RELIGION EDITION
Die Orgel
Das Kreuz
Jesus Christus

ACTIVITY – RELIGION EDITION
Das Kloster
Der Segen
Der Engel

ACTIVITY – RELIGION EDITION
Der Rosenkranz
Der Friedhof
Der Ministrant

ACTIVITY – RELIGION EDITION
Die Friedenstaube
Adam und Eva
Gott

ACTIVITY – RELIGION EDITION
Die Seele
Die Auferstehung
Martin Luther

ACTIVITY – RELIGION EDITION
Die Moschee
Das Mandala
Der Pilger

ACTIVITY – RELIGION EDITION
Israel
Die Kreuzigung
Die Heiligen Drei Könige

ACTIVITY – RELIGION EDITION
Das Gebetbuch
Das Taufkleid
Maria

ACTIVITY – RELIGION EDITION
Die Osterkerze
Die Trauung
Die 12 Apostel

= zeichnen = beschreiben = darstellen

Activity-Religion edition – Kartenset 2

ACTIVITY – RELIGION EDITION
- Die Martinslaterne
- Allah
- Der Friedensgruß

ACTIVITY – RELIGION EDITION
- Der Adventskalender
- Jerusalem
- Das Beichten

ACTIVITY – RELIGION EDITION
- Der Tempel
- Die Schöpfung
- Die Trauer

ACTIVITY – RELIGION EDITION
- Der Altar
- Der Heilige Geist
- heilig

ACTIVITY – RELIGION EDITION
- Der Osterhase
- Die Katakombe
- Das Tote Meer

ACTIVITY – RELIGION EDITION
- Der Erntedankkorb
- Die Zehn Gebote
- Der Barbarazweig

ACTIVITY – RELIGION EDITION
- Palmsonntag
- Leib und Blut Christi
- Das letzte Abendmahl

ACTIVITY – RELIGION EDITION
- Der Sonntag
- Die Seele
- Das Osterlamm

ACTIVITY – RELIGION EDITION
- Die Weihnachtsgans
- Die Hölle
- Der Missionar

ACTIVITY – RELIGION EDITION
- Das Paradies
- Das Neue Testament
- Sankt Nikolaus

= zeichnen = beschreiben = darstellen

Activity-Religion edition – Kartenset 3

ACTIVITY – RELIGION EDITION
- Das Nikolauslied
- Der Martinsumzug
- Die Bescherung

ACTIVITY – RELIGION EDITION
- Die Christbaumspitze
- Der Namenstag
- Pontius Pilatus

ACTIVITY – RELIGION EDITION
- Die Liebe
- Die Hoffnung
- Der Glaube

ACTIVITY – RELIGION EDITION
- Der Weihrauchkessel
- Das Kreuzzeichen
- Die Taufe Jesu

ACTIVITY – RELIGION EDITION
- Die vier Evangelien
- Die Schriftrolle
- Der Gebetsteppich

ACTIVITY – RELIGION EDITION
- Die Spende
- Hebräisch
- Das Leid

ACTIVITY – RELIGION EDITION
- Jona im Fischbauch
- Das Wunder
- Die Schlange verführt Eva

ACTIVITY – RELIGION EDITION
- Die 10 Plagen
- Das Händefalten
- Sterben

ACTIVITY – RELIGION EDITION
- Die Marienstatue
- Das Kirchenschiff
- Rom

ACTIVITY – RELIGION EDITION
- Die Geistsendung
- Gründonnerstag
- Die Herbergssuche

= zeichnen   = beschreiben   = darstellen

Activity-Religion edition – Kartenset 4

ACTIVITY – RELIGION EDITION

- Die Sintflut
- Die Arche Noach
- Der Regenbogen

ACTIVITY – RELIGION EDITION

- Der Bischofsstab
- Das verlorene Schaf
- Der Zöllner

ACTIVITY – RELIGION EDITION

- Der Grabstein
- Die Wallfahrt
- Die Einweihung

ACTIVITY – RELIGION EDITION

- Der brennende Dornbusch
- Der Davidstern
- Die Froschplage

ACTIVITY – RELIGION EDITION

- Das Gesangbuch
- Die Liedertafel
- Der Kelch mit Wein

ACTIVITY – RELIGION EDITION

- Die Eheberatung
- Der Brautstrauß
- Der Heiratsantrag

ACTIVITY – RELIGION EDITION

- Der Klingelbeutel
- Das Salböl
- Der/die Religionslehrer/in

ACTIVITY – RELIGION EDITION

- Das Waisenhaus
- Die Welthungerhilfe
- Die Armut

ACTIVITY – RELIGION EDITION

- Jingle bells
- Der Engel
- Die Flucht nach Ägypten

ACTIVITY – RELIGION EDITION

- Des Teufels Großmutter
- Die Hölle
- Christi Himmelfahrt

= zeichnen = beschreiben = darstellen

Activity-Religion edition – Kartenset 5

ACTIVITY – RELIGION EDITION
- Der Totenschrein
- Das Kirchenschiff
- Das Himmelsgewölbe

ACTIVITY – RELIGION EDITION
- Das Weihwasser
- Die Nottaufe
- Der Jordan

ACTIVITY – RELIGION EDITION
- Die Meditationsmusik
- Der Sektenführer
- Die Zeugen Jehovas

ACTIVITY – RELIGION EDITION
- Der Adventskranz
- Das Lebkuchenherz
- Das Adventssingen

ACTIVITY – RELIGION EDITION
- Die Marienerscheinung
- Die heilige Silbe „OM“
- Die Christenverfolgung

ACTIVITY – RELIGION EDITION
- Johannes der Täufer
- Der Zweifel
- Die Predigt

ACTIVITY – RELIGION EDITION
- Der Weltuntergang
- Das Gewissen
- Der Märtyrer

ACTIVITY – RELIGION EDITION
- Der Erntedankkorb
- Das Vaterunser
- Der Sünder

ACTIVITY – RELIGION EDITION
- Die Bibel auf CD-ROM
- Die Nächstenliebe
- Die Mumie

ACTIVITY – RELIGION EDITION
- Der Götze
- Das Glaubensbekenntnis
- Das Fasten

= zeichnen = beschreiben = darstellen

Auf dem Weg ______________________________

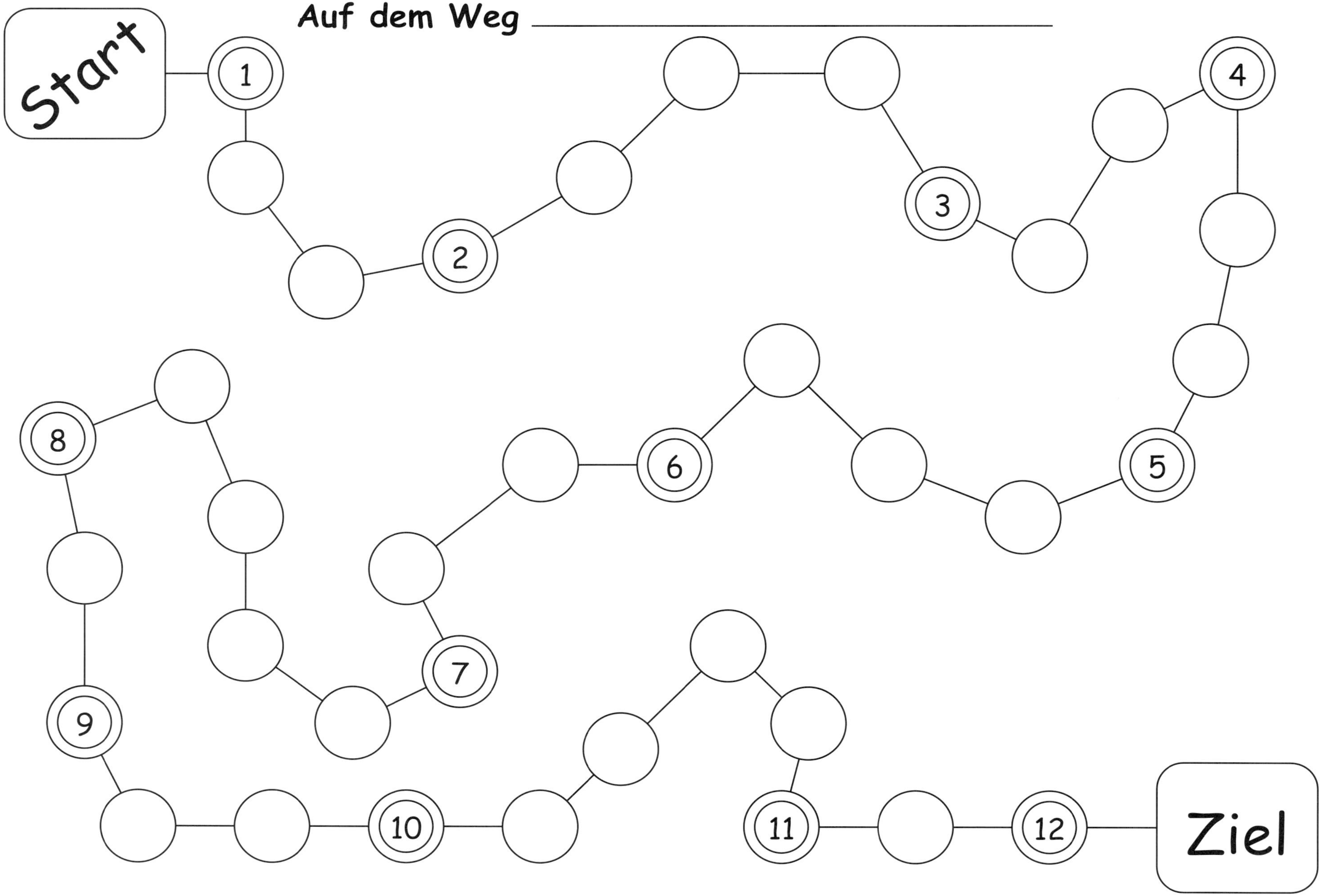

Auf dem Weg

Einleitung

ab Klasse 2

Bei den folgenden Spielen genügt ein einziger Spielplan, um viele abwechslungsreiche Spiele für den Religionsunterricht zur Verfügung zu haben. Es ist leicht möglich, sich mit Hilfe der Blanko-Vorlage (Spielplan + eine leere Spielanleitung) eigene Spiele zu beliebigen Geschichten aus dem Religionsunterricht zu erstellen, zum Beispiel zu einer gerade bearbeiteten Lektüre. Dies kann auch im Unterricht selbst durch die Schüler/innen geschehen.

Das Spiel „Auf dem Weg" ist ein **Verlaufsspiel**, d. h. es orientiert sich an einer Geschichte, die einen Beginn und ein Ende hat.

Auf den folgenden Seiten befinden sich die Anleitungen zu fünf biblischen Geschichten (Abraham, Josef, Mose, Jesu Einzug in Jerusalem, Emmaus-Geschichte).

Hier **weitere Vorschläge** für weitere Verlaufsspiele zum Spielplan „Auf dem Weg":

- Auf dem Weg durch das Kloster
- Auf dem Weg durch die Kirchengeschichte
- Auf dem Weg durch die Sakramente (von der Taufe zur Krankensalbung)
- Auf dem Weg mit den drei Sterndeutern
- Auf dem Weg mit den Sternsingern
- Auf dem Weg mit Mohammed (... mit einem Muslim nach Mekka)
- Auf dem Weg mit Noach (Jona, Elija, Johannes dem Täufer, dem barmherzigen Samariter ...)
- Auf dem Weg mit Pater Damian (Maximilian Kolbe, Mutter Teresa ...)
- Auf dem Weg mit Paulus (Missionsreisen)
- Auf dem Weg mit Philippus (Taufe des Äthiopiers)
- Auf dem Weg mit Siddharta Gautama (Buddha)
- Auf dem Weg nach Ägypten (Flucht nach Ägypten)
- Auf dem Weg zum Altar (Gang durch die Kirche)
- Auf dem Weg zum Kreuz (Kreuzweg Jesu)

Auf dem Weg – Blankovorlage für die Ereignisfelder

Auf dem Weg ______________________ Spielanleitung für die Ereignisfelder		ab Klasse
1 →		
2 →		
3 →		
4 →		
5 →		
6 →		
7 →		
8 →		
9 →		
10 →		
11 →		
12 →		
13 →		
14 →		
15 →		

Auf dem Weg mit Abraham

Vorbereitung, Spielregeln, Gestaltung

ab Klasse 3

Spielmaterial

Für das Spiel: 1 leerer Spielplan „Auf dem Weg …“ (auf DIN A3-Größe kopiert), 1 Würfel und je eine Spielfigur pro Spieler/in.

Für die Gestaltung des Spiels: 1 leerer Spielplan (DIN A3), farbige Stifte, eine Prospekthülle (DIN A3).

Vorbereitung

Jede Spielgruppe erhält einen Spielplan „Auf dem Weg“. Das **Startfeld** wird „Haran“ genannt, der Ausgangspunkt von Abrahams Weg. Das **Zielfeld** ist in Sichem, in Kanaan, wo Abraham einen Altar baute. Der Spielplan kann nach Belieben mit passenden Bildern und Farben gestaltet und auf die bereits wiederholt erwähnte Weise haltbar gemacht werden.

Spielverlauf

Es sollten nicht mehr als 4 bis 5 Spieler/innen pro Spielplan teilnehmen, da es sonst zu lange dauert, bis jeder dran kommt.

Alle Spieler/innen stellen ihre Figuren in Haran (= dem Startfeld) auf. Von dort aus geht es weiter, bis man in Sichem (= dem Zielfeld) angekommen ist.

Der Spieler, der die ältesten Eltern hat, fängt an mit dem Würfeln (bei Uneinigkeit fängt das älteste Kind an).

Es wird reihum im Uhrzeigersinn gewürfelt.

Man darf mit seiner Spielfigur so viele Felder vorrücken wie Punkte auf dem Würfel erscheinen.

Bei einer 6 darf man nicht noch einmal würfeln.

Gelangt man auf ein **Ereignisfeld** (= Feld mit einer der 12 Zahlen), so muss auf dem Bogen „Spielanleitung für die Ereignisfelder“ unter der entsprechenden Zahl die dort notierte Anweisung gelesen und sofort ausgeführt werden.

Wenn zwei oder mehrere Figuren auf einem Feld landen, dann bleiben sie zusammen dort stehen. Geschlagen wird nicht.

Falls man von einem Ereignisfeld auf das nächste geschickt wird, so hat das neue Feld für den Spieler keine Bedeutung. Das gleiche gilt, wenn die Mitspieler/innen durch einen Spieler bewegt werden und dadurch auf ein Ereignisfeld gelangen.

Ziel des Spiels

Wenn alle Reisenden das Ziel (Sichem) erreicht haben, endet das Spiel. Einen eigentlichen Sieger gibt es nicht.

Auf dem Weg mit Abraham

Spielanleitung für die Ereignisfelder

ab Klasse 3

1. Sara ist mutlos, weil sie kaum noch Hoffnung auf ein Kind hat. Abraham tröstet sie und verspricht, zu Gott zu beten und ihm von Saras Kummer zu berichten.
   → **Noch einmal würfeln, um etwas abseits von Sara zu sein.**

2. Abraham vernimmt Gottes Stimme und erhält den Auftrag, sein Heimatland zu verlassen.
   → **Eine Runde aussetzen.**

3. Abraham eilt zu Sara zurück, um ihr von seinem Erlebnis zu berichten.
   → **Gehe zurück auf Feld 1.**

4. Zum Abschied feiern alle Menschen in Haran ein großes Fest.
   → **Alle Spieler nehmen sich an die Hände und tanzen einmal um den Tisch.**

5. Abraham, Sara, Lot und die Knechte und Mägde machen sich nach vielen Vorbereitungen endlich auf den Weg in das unbekannte Land.
   → **Alle Spieler dürfen 3 Felder vor.**

6. Ein Wanderer bittet Abraham und Sara, bei ihnen im Lager übernachten zu dürfen.
   → **Zur Belohnung für diese Gastfreundschaft noch zweimal würfeln und die größere Zahl gehen.**

7. Lot, Abrahams Neffe, hat keine Lust, einen Streit der Knechte um ein Wasserloch in der Steppe zu schlichten.
   → **Eine Runde aussetzen.**

8. Ein paar Schafe und Ziegen haben sich in einer engen Schlucht verirrt. Lot muss sie suchen.
   → **Gehe 5 Felder zurück.**

9. Abraham hat wieder eine Begegnung mit Gott. Er erfährt, dass er so viele Nachkommen haben wird wie Sterne am Himmel sind, und dass er Stammvater eines mächtigen Volkes sein wird.
   → **Gehe 2 Felder vor den vordersten Spieler.**

10. Sara ist sehr erschöpft von der Reise.
   → **Du darfst in den nächsten beiden Runden nur jeweils ein Feld vor. Danach darfst du wieder ganz normal deine erwürfelten Augenzahlen ziehen.**

11. Abraham verhandelt mit den Anführern mehrerer Stämme, damit er auf deren Gebiet seine Tiere weiden lassen kann. Er bietet dafür die Wolle seiner Schafe als Bezahlung an.
   › **Nenne drei Dinge, die man aus Wolle machen kann und gehe dann 3 Felder vor.**

12. Endlich ist Sichem in Sicht. Dort will Abraham einen Altar bauen und Gott für alles danken.
   → **Alle Spieler, die auf dem Feld 12 landen, müssen stehen bleiben, bis kein Reisender sie mehr überholen kann.**

Auf dem Weg mit Josef

Vorbereitung, Spielregeln, Gestaltung

ab Klasse 2

Spielmaterial

Für das Spiel: 1 leerer Spielplan „Auf dem Weg“ (auf DIN A3-Größe kopiert), 1 Würfel und je eine Spielfigur pro Spieler/in, ein paar Kekse.

Für das Festmahl: Saft (Tee), Kekse (Fladenbrot), Teller, Becher, Servietten oder nach eigenen Ideen.

Für die Gestaltung des Spiels: 1 leerer Spielplan (DIN A3), farbige Stifte.

Vorbereitung

Jede Spielgruppe erhält einen Spielplan „Auf dem Weg“.

Das **Startfeld** wird Jakobs Zelt genannt. Das **Zielfeld** ist in Ägypten, im Festsaal von Josefs neuem Haus. Dort soll sich die Familie (Spieler/innen) beim Festmahl treffen. Für das **Ereignisfeld 11** benötigt man ein paar Kekse oder eine Kleinigkeit, die geteilt werden kann.

Es ist geplant, nach Beendigung der Unterrichtseinheit ein echtes kleines Freudenfest mit den Schüler/innen zu feiern. Daher muss man möglichst 2 Unterrichtsstunden einplanen, da das Spiel selbst auch seine Zeit benötigt.

Spielverlauf

Es sollten nicht mehr als 4 bis 5 Spieler/innen miteinander spielen, da es sonst zu lange dauert, bis jeder dran kommt. Wenn nur Erstklässler/innen spielen, dann muss ein Erwachsener (Lehrer, Eltern) ihnen vorlesen, was auf den Ereignisfeldern passiert.

Alle Spieler/innen stellen ihre Figuren in Jakobs Zelt (= auf das Startfeld). Von dort aus geht es weiter, bis man im Festsaal von Josefs Haus in Ägypten (= im Zielfeld) angekommen ist.

Der Spieler, der den schönsten Pullover anhat, fängt an mit dem Würfeln (bei Uneinigkeit fängt das zweitjüngste Kind an).

Es wird reihum im Uhrzeigersinn gewürfelt.

Man darf mit seiner Spielfigur so viele Felder vorrücken wie Punkte auf dem Würfel erscheinen.

Bei einer 6 darf man nicht noch einmal würfeln.

Wenn zwei oder mehrere Figuren auf einem Feld landen, dann bleiben sie zusammen dort stehen. Geschlagen wird nicht.

Gelangt man auf ein **Ereignisfeld** (= Feld mit einer der 12 Zahlen), so muss auf dem Bogen „Spielanleitung für die Ereignisfelder“ unter der entsprechenden Zahl die dort notierte Anweisung gelesen und sofort ausgeführt werden.

Falls man von einem Ereignisfeld auf das nächste geschickt wird, so hat das neue Feld für den Spieler keine Bedeutung. Das gleiche gilt, wenn die Mitspieler durch einen Spieler bewegt werden und dadurch auf ein Ereignisfeld gelangen.

Ziel des Spiels

Es gibt keinen Gewinner und keinen Verlierer des Spiels, weil sich am Ende ja die ganze Familie (alle Spieler/innen) im Festsaal von Josefs Haus (Zielfeld) trifft. Wer in Ägypten angekommen ist, bereitet das Festmahl vor.

Das Festmahl in Josefs Haus

Alle Schüler/innen, die fertig gespielt haben, bereiten das Festmahl vor. Das kann ein echtes kleines Fest mit Saft oder (löslichem Zitronen-)Tee, Keksen, belegten Brötchen usw. sein. Wenn das Fest inhaltlich an das Josefsspiel angepasst werden soll, dann benötigt man zum Beispiel Wasser, Ziegenkäse, Fladenbrot, Feigen und Datteln.

Gestaltung des Spielplans

Am Ende des Spieles oder Festes bzw. in der folgenden Unterrichtsstunde, haben die Spieler/innen noch die Möglichkeit, passende Bilder auf den Spielplan zu malen oder zu kleben. Wenn der Spielplan fertig ist, dann kann er auf eine DIN A3-Pappe geklebt und mit transparenter Klebefolie haltbar gemacht werden.

Auf dem Weg mit Josef

Spielanleitung für die Ereignisfelder

ab Klasse 2

1. Erzähle etwas über Josefs Familie.
   → **Wer etwas weiß, darf 2 Felder vor, sonst eine Runde aussetzen.**

2. Josef freut sich über das bunte Gewand.
   → **Noch einmal würfeln.**

3. Josef träumt von den Garben seiner Brüder, die sich vor seiner Garbe verneigen.
   → **Verneige dich einmal ganz tief vor einem Mitspieler, den du dir aussuchen kannst. Dann 1 Feld vor.**

4. Josef träumt von Sonne, Mond und Sternen, die sich vor ihm verneigen.
   → **Stelle dich auf einen Stuhl und strahle wie ein Himmelslicht. Dann eine Runde aussetzen wegen Angeberei!**

5. Die Brüder von Josef verschwören sich gegen ihren Bruder und haben einen bösen Plan.
   → **2 Felder zurück.**

6. Josef ist im Brunnen gefangen.
   → **Einmal aussetzen, damit du dir überlegen kannst, was Josef sagen kann, um Gottes Hilfe zu erbitten. Wenn du wieder an der Reihe bist, erzählst du den anderen Mitspieler/innen, was du dir überlegt hast.**

7. Josef wird an einen Karawanenhändler verkauft und als Sklave nach Ägypten verschleppt.
   → **Gehe einmal mit gefesselten Händen (so tun als ob) um die Spielergruppe, denn der Weg nach Ägypten ist weit. Anschließend darfst du noch einmal würfeln.**

8. Josef ist im Haus von Potifar. Weil er so gut arbeitet, wird er von Potifar gelobt.
   → **Lass dich von einem Spieler deiner Wahl umarmen. Dann dürft ihr beide 5 Felder vor.**

9. Josef ist unschuldig ins Gefängnis gekommen. Aber er ist willig und der Gefängnisbeamte schenkt ihm sein Vertrauen.
   → **3 Felder vor.**

10. Josef deutet die Träume des Pharao.
   → **Erzähle in einem Satz etwas über die Deutung der Träume, dann 3 Felder vor. Wenn du nichts weißt, bleibe stehen, bis dich der nächste Spieler überholt hat.**

11. Die Hungersnot wütet in Ägypten und den umliegenden Ländern. Doch Josef verwaltet die gespeicherten Lebensmittel für alle Völker ringsum.
   → **Teile mit einem Mitspieler einen Keks (ein Stück Brot etc.).**

12. Die Brüder sind nach Ägypten gekommen. Josef hat sich ihnen zu erkennen gegeben, als er merkt, dass sie ihre gemeine Tat bereut haben.
   → **Gehe direkt in das Haus von Josef, wo ein Festmahl gefeiert werden soll und helfe bei den Vorbereitungen.**

Auf dem Weg mit Mose

Vorbereitung, Spielregeln, Gestaltung

ab Klasse 3

Spielmaterial

Für das Spiel: 1 leerer Spielplan „Auf dem Weg“ (DIN A3), 1 Würfel und je eine Spielfigur pro Spieler/in.

Für die Gestaltung des Spiels: 1 leerer Spielplan (DIN A3), farbige Stifte, eine leere Prospekthülle (DIN A3).

Vorbereitung

Falls die Gruppe zu groß ist, wird sie in kleinere Gruppen bis 6 Spieler/innen aufgeteilt.

Pro Spielgruppe gibt es einen **Spielplan** „Auf dem Weg“, entsprechend viele Spielfiguren und einen Würfel.

Ein Spieler bekommt die **Anleitung zu den Ereignisfeldern**, um vorzulesen, was passiert, wenn ein Spieler auf ein Ereignisfeld gelangt.

Spielverlauf

Alle Spieler/innen stellen ihre Figuren auf das Startfeld.

Der Spieler, der die meisten Buchstaben des Namens „Mose“ in seinem Namen hat, fängt an mit dem Würfeln (bei Uneinigkeit fängt der Spieler an, der die meisten Geschwister hat).

Es wird reihum im Uhrzeigersinn gewürfelt. Bei einer 6 darf man nicht noch einmal würfeln.

Wenn zwei oder mehrere Figuren auf einem Feld landen, dann bleiben sie zusammen dort stehen. Geschlagen wird nicht.

Gelangt ein Spieler auf ein Feld mit einer Zahl (= ein **Ereignisfeld**), so wird unter der angegebenen Stelle auf der Spielanleitung zu den Ereignisfeldern nachgelesen und die dort notierte Aufgabe ausgeführt.

Falls man von einem Ereignisfeld auf das nächste geschickt wird, so hat das neue Feld für den Spieler keine Bedeutung. Das gleiche gilt, wenn die Mitspieler durch einen anderen Spieler bewegt werden und dadurch auf ein Ereignisfeld gelangen.

Ziel des Spiels

Der Spieler, der das Zielfeld erreicht, ist Gewinner des Spiels. Man muss das Zielfeld mit einer passenden Zahl erwürfeln.

Gestaltung des Spielplans

Am Ende des Spieles haben die Spieler/innen noch die Möglichkeit, passende Bilder auf den Spielplan zu malen oder zu kleben. Wenn der Spielplan fertig ist, dann kann er in eine transparente Prospekthülle geschoben und dadurch haltbar gemacht werden.

Auf dem Weg mit Mose

Spielanleitung für die Ereignisfelder

ab Klasse 3

1. Mose ist mit den Israeliten geflohen. Doch nun stehen sie vor dem Schilfmeer und wissen nicht weiter.
   → **Eine Runde aussetzen.**

2. Mose führt die Israeliten sicher durch das Schilfmeer.
   → **Alle Spieler gehen 2 Felder vor.**

3. Die Israeliten jubeln, tanzen und singen die ganze Nacht, um ihre Befreiung zu feiern.
   → **Setze 2 Runden mit dem Würfeln aus.**

4. Das Volk beginnt zu murren, weil es Hunger hat. Man hört die Leute sagen: „Wären wir doch bloß in Ägypten geblieben!“
   → **Gehe zurück zum Start.**

5. Mose betet zu Gott und plötzlich fallen Wachteln vom Himmel. Das Volk leidet keinen Hunger mehr.
   → **Gehe mit neuer Kraft 5 Felder vor.**

6. Vor den Israeliten liegt schwer zugängliches Land. Mose und Aaron wollen vorgehen, um den besten Weg zu erkunden.
   → **Gehe mit einem Spieler deiner Wahl 4 Felder vor.**

7. Das Volk beginnt zu murren, weil es immer mehr Durst hat. Nur Mose sagt: „Vertraut auf Gott!“
   → **Alle Spieler – außer dir – gehen 2 Felder zurück.**

8. Mose betet zu Gott und erfährt, dass er mit seinem Stab an den Felsen schlagen muss, um Wasser zu bekommen. Es klappt!
   → **Mit neuer Kraft 3 Felder vorrücken.**

9. Mose steigt auf den Berg Sinai und empfängt die Zehn Gebote.
   → **Nenne eines der Zehn Gebote und würfle noch einmal. Wenn du kein Gebot aufsagen kannst, dann gehe 3 Felder zurück.**

10. Während Mose fort war, haben die Israeliten ein goldenes Kalb gebaut und wollen ihm huldigen.
    → **Alle Spieler/innen tanzen eine Runde um den Tisch und klatschen dabei.**

11. Mose wird für den Unwillen des Volkes bestraft und darf das gelobte Land nur aus der Ferne sehen.
    → **Gehe 10 Felder zurück.**

12. Endlich geschafft! Vor den Israeliten liegt das fruchtbare Land Kanaan.
    → **Du hast 3 Versuche, um eine 1 zu würfeln, mit der du ins Ziel gelangen kannst.**

Auf dem Weg nach Jerusalem

Vorbereitung, Spielregeln, Gestaltung

ab Klasse 1

Spielmaterial

Für das Spiel: 1 leerer Spielplan „Auf dem Weg" (DIN A3), 1 Würfel und je eine Spielfigur pro Spieler/in.

Für die Gestaltung des Spiels: 1 leerer Spielplan (DIN A3), farbige Stifte, eine leere Prospekthülle (DIN A3).

Vorbereitung

Falls die Gruppe zu groß ist, wird sie in kleinere Gruppen bis 6 Spieler/innen aufgeteilt. Ein Spieler pro Gruppe muss lesen können.

Pro Spielgruppe gibt es einen **Spielplan** „Auf dem Weg", entsprechend viele Spielfiguren und einen Würfel. Ein Spieler bekommt die **Anleitung zu den Ereignisfeldern**, um vorzulesen, was passiert, wenn ein Spieler auf ein Ereignisfeld gelangt.

Spielverlauf

Alle Spieler/innen stellen ihre Figuren auf das Startfeld.

Der Spieler, der am besten wie ein Esel iahen kann, fängt mit dem Würfeln an (bei Uneinigkeit fängt der Spieler an, der zuerst etwas Graues an sich zeigen kann).

Es wird reihum im Uhrzeigersinn gewürfelt. Bei einer 6 darf man nicht noch einmal würfeln.

Wenn zwei oder mehrere Figuren auf einem Feld landen, dann bleiben sie zusammen dort stehen. Geschlagen wird nicht.

Gelangt ein Spieler auf ein Feld mit einer Zahl (= ein **Ereignisfeld**), so wird unter der angegebenen Stelle auf der Spielanleitung zu den Ereignisfeldern nachgelesen und die dort notierte Aufgabe ausgeführt.

Falls man von einem Ereignisfeld auf das nächste geschickt wird, so hat das neue Feld für den Spieler keine Bedeutung. Das gleiche gilt, wenn die Mitspieler/innen durch einen anderen Spieler bewegt werden und dadurch auf ein Ereignisfeld gelangen.

Ziel des Spiels

Der Spieler, der mit einer genau passenden Augenzahl das Zielfeld erreicht, ist Gewinner des Spiels.

Gestaltung des Spielplans

Am Ende des Spiels haben die Spieler/innen noch die Möglichkeit, passende Bilder auf den Spielplan zu malen oder zu kleben. Wenn der Spielplan fertig ist, dann kann er in eine transparente Prospekthülle geschoben und dadurch haltbar gemacht werden.

Auf dem Weg nach Jerusalem

Spielanleitung für die Ereignisfelder

ab Klasse 1

1. Jesus und seine Jünger nähern sich Jerusalem.
   → **Alle Spieler gehen ein Feld vor.**

2. Jesus schickt zwei Jünger nach Betfage voraus, damit sie ihm von dort einen jungen Esel holen.
   → **Nimm die Figur eines Mitspielers deiner Wahl auf dein Feld und gehe mit ihm zusammen drei Felder vor.**

3. Ein Mann in Betfage hält die Jünger auf und fragt sie, was sie mit dem Esel vorhaben. Sie erklären es ihm.
   → **Eine Runde aussetzen.**

4. Der Mann hat den Jüngern den Esel für Jesus mitgegeben. Nun müssen sie sich aber beeilen.
   → **Gehe 5 Felder vor und nehme wieder einen Spieler deiner Wahl mit.**

5. Die Jünger ziehen ihre Kleider aus und legen sie auf den Rücken des Esels, damit Jesus eine weiche Unterlage hat.
   → **Wer so nett ist, darf noch einmal würfeln.**

6. Die Menschen schneiden Zweige von den Bäumen und streuen sie auf den Weg.
   → **Nenne eine Baumart im Land Palästina und gehe 1 Feld vor.**

7. Jesus reitet auf dem Esel. Bald kommen die Stadtmauern in Sicht. Die Leute folgen ihm.
   → **Alle Spieler/innen gehen ein Feld vor, nur du darfst drei Felder vor.**

8. Jesus zieht in Jerusalem ein. Die Leute jubeln ihm zu und rufen: „Hosanna dem Sohn Davids!"
   → **Alle Spieler/innen springen in die Luft und rufen „Hosanna!"**

9. Die Schriftgelehrten und Pharisäer sehen dem Treiben zu und sagen sich: „Dieser Mann ist gefährlich. Man muss ihm Einhalt gebieten!"
   → **Gehe mit einem Spieler deiner Wahl 6 Felder zurück und setze eine Runde mit dem Würfeln aus!**

10. Bejubelt wie ein König reitet Jesus durch die Gassen.
    → **Alle Spieler/innen machen eine tiefe Verbeugung. Dann darfst du noch einmal würfeln.**

11. Die ganze Stadt ist in Aufregung und viele Menschen laufen zusammen. Man kann kaum noch vorwärts kommen. Die Menschenmenge staut sich.
    → **Eine Runde aussetzen.**

12. Die Menschen fragen: „Wer ist dieser Mann?" Einer antwortet: „Das ist der Prophet Jesus von Nazaret in Galiläa".
    → **Warte so lange, bis der Spieler mit der gelben Figur an dir vorbeigezogen oder auf dein Feld gekommen ist. Hast zufällig du die gelbe Spielerfigur, dann gehe direkt ins Ziel!**

Auf dem Weg durch den Osterfestkreis

Vorbereitung, Spielregeln, Gestaltung

ab Klasse 3

Spielmaterial

Für das Spiel: 1 leerer Spielplan „Auf dem Weg …“ (DIN A3), 1 Würfel und je eine Spielfigur pro Spieler/in.

Für die Gestaltung des Spiels: 1 leerer Spielplan (DIN A3), farbige Stifte.

Vorbereitung

Falls die Gruppe zu groß ist, wird sie in kleinere Gruppen bis 6 Spieler/innen aufgeteilt.

Pro Spielgruppe gibt es einen Spielplan „Auf dem Weg“, entsprechend viele Spielfiguren und einen Würfel.

Ein Spieler bekommt die Anleitung zu den Ereignisfeldern, um vorzulesen, was passiert, wenn ein Spieler auf ein Ereignisfeld gelangt.

Spielverlauf

Alle Spieler/innen stellen ihre Figuren auf das Startfeld.

Der Spieler, der am dunkelsten oder unauffälligsten angezogen ist, fängt an mit dem Würfeln (bei Uneinigkeit fängt das kleinste Kind an).

Es wird reihum im Uhrzeigersinn gewürfelt. Bei einer 6 darf man nicht noch einmal würfeln.

Wenn zwei oder mehrere Figuren auf einem Feld landen, dann bleiben sie zusammen dort stehen. Geschlagen wird nicht.

Gelangt ein Spieler auf ein Feld mit einer Zahl (= ein **Ereignisfeld**), so wird unter der angegebenen Stelle auf der Spielanleitung nachgelesen und die dort notierte Aufgabe ausgeführt.

Falls man von einem Ereignisfeld auf das nächste geschickt wird, so hat das neue Feld für den Spieler keine Bedeutung. Das gleiche gilt, wenn die Mitspieler/innen durch einen anderen Spieler bewegt werden und dadurch auf ein Ereignisfeld gelangen.

Ziel des Spiels

Der Spieler, der als das Zielfeld erreicht, ist Gewinner des Spiels. Man muss das Zielfeld mit einer passenden Zahl erwürfeln.

Gestaltung des Spielplans

Am Ende des Spiels haben die Spieler/innen noch die Möglichkeit, passende Bilder auf den Spielplan zu malen oder zu kleben. Wenn der Spielplan fertig ist, dann kann er auf eine DIN A3-Pappe geklebt und mit transparenter Klebefolie haltbar gemacht werden.

Auf dem Weg durch den Osterfestkreis

ab Klasse 3

Spielanleitung für die Ereignisfelder

1. Am Aschermittwoch beginnt die vorösterliche Fastenzeit.
   → **Nenne 2 Dinge, auf die du während der Fastenzeit verzichten könntest, um mehr Zeit für dein Glaubensleben zu haben.**

2. Beim Aschermittwochsgottesdienst erhalten die Gläubigen ein Kreuz aus Asche auf die Stirn.
   → **Zeichne einem Mitspieler deiner Wahl ein Kreuz auf die Stirn und spreche: „Bedenke, Mensch, dass du aus Staub bist und wieder zum Staub zurückkehren wirst".**

3. Der Palmsonntag erinnert an den Einzug Jesu in Jerusalem. Die Leute jubelten: „Hosanna dem Sohn Davids!", und winkten ihm mit Zweigen zu.
   → **Einmal den Mitspieler/innen zuwinken und anschließend zweimal würfeln.**

4. Palmsonntag bis Gründonnerstag: In den Tagen vor dem letzten Abendmahl war Jesus im Tempel von Jerusalem und erzählte den Menschen vom Reich Gottes. Viele Menschen hörten ihm zu.
   → **Eine Runde aussetzen.**

5. Am Gründonnerstag wird daran erinnert, dass Jesus seinen Jüngern die Füße wusch, um ihnen ein Beispiel zu geben.
   → **Alle Spieler/innen gehen 1 Feld vor, du aber gehst ein Feld zurück.**

6. Am Gründonnerstag wird an das letzte Abendmahl Jesu mit seinen Jüngern erinnert.
   → **Alle Mitspieler/innen versammeln sich auf dem Feld 7.**

7. In der Nacht zu Karfreitag findet in vielen Kirchen eine Nachtwache statt, um an die letzte Nacht Jesu vor seinem Tod zu erinnern. Er betete voller Angst zu Gott. Seine Jünger aber waren alle eingeschlafen.
   → **Alle Mitspieler/innen müssen 2 Felder zurück. Da kannst stehen bleiben.**

8. Der Karfreitag ist der Todestag Jesu. Das Kreuz, an dem Jesus starb, wurde zum Symbol des Christentums.
   → **Mache ein Kreuzzeichen und sage: „Im Namen des Vaters und des Sohnes und des Heiligen Geistes. Amen". Anschließend noch einmal würfeln.**

9. Am Karsamstag schweigen alle Kirchenglocken. Man erinnert daran, dass Jesus in einer Grabhöhle beerdigt worden ist.
   → **Alle Spieler/innen schweigen für etwa 1 Minute.**

10. Ostersonntag. Ein Tag der Freude für alle Christen, denn an diesem Tag ist Jesus von den Toten auferstanden. In den Gottesdiensten wird die Osterbotschaft verkündet.
    → **Alle Spieler/innen, die hinter dir stehen, dürfen einmal würfeln, um der frohen Botschaft näher zu rücken. Die Spieler/innen, die vor dir stehen, müssen einmal würfeln und zurück gehen, weil sie die Osterbotschaft verpasst haben.**

11. Der Tag Christi Himmelfahrt findet immer 40 Tage nach Ostern an einem Donnerstag statt. An diesem Tag verabschiedete Jesus sich von seinen Jüngern. Er versprach ihnen, die Gabe seines Vaters, den Heiligen Geist, zu senden.
    → **Gehe bis auf drei Felder vor das Ziel.**

12. Am Pfingsttag endet der Osterfestkreis. Der Geist Gottes kam wie mit Feuer und Sturm auf die Jünger herab und gab ihnen den Mut und die Kraft, die frohe Botschaft von Jesu Tod und Auferstehung zu verkünden.
    → **Stimme ein Osterlied an und gehe direkt ins Ziel.**

Das Advents-Würfelspiel

Das Advents-Würfelspiel

Vorbereitung, Spielregeln, Gestaltung

ab Klasse 1

Spielmaterial

Für das Spiel: Ein Spielplan „Das Advents-Würfelspiel" (DIN A3), pro Spieler/in eine jeweils andersfarbige Spielfigur, evtl. weihnachtliche Siegerprämien (Schokokugeln, Weihnachtsmannlutscher ...).

Für die Gestaltung des Spiels: Ein leerer Spielplan, Farbstifte, Prospekthülle (DIN A3).

Vorbereitung

Zunächst den Spielplan (evtl. in Partnerarbeit) ausmalen.

Dabei gleiche Felder mit den gleichen Farben gestalten: Die Krippenfelder Nr. 1, 26, 32 und 36; die Kirchenfelder Nr. 6, 13, 25 und 37; die Felder mit der Heiligen Familie Nr. 4, 12, 34 und 41 sowie die Kometen. Alle anderen Felder können nach Belieben gestaltet werden.

Spielverlauf

Das Advents-Würfelspiel kann in Gruppen bis zu 6 Spieler/innen gespielt werden. Wenn die Spielregeln den Spieler/innen bekannt gegeben wurden, kann es ohne weiteres von Kindern gespielt werden, die noch nicht lesen können.

Alle Spieler/innen stellen ihre Figur auf das Startfeld. Der Spieler, der zuerst eine 1 würfelt, beginnt das Spiel.

Es wird reihum gegen den Uhrzeigersinn gewürfelt. Bei einer 6 darf nicht noch einmal gewürfelt werden.

Es dürfen mehrere Figuren auf einem Feld stehen. Geschlagen wird nicht.

Man zieht zeilenweise von Feld 1 bis zum Zielfeld. Dabei gelten folgende Regeln:

Wer auf einem **Krippenfeld** stehen bleibt, muss **eine Runde mit dem Würfeln aussetzen**.

Wer auf einem **Kirchenfeld** stehen bleibt, darf **noch einmal würfeln**.

Wer auf einem **Feld der Heiligen Familie** stehen bleibt, darf **drei Felder vorrücken**.

Wer auf dem **Schweif eines Kometen** stehen bleibt, muss **auf den Stern des Kometen hinunterrutschen**.

Kommt man über eines der o. g. Ereignisfelder auf ein neues Ereignisfeld, so hat dieses keine Bedeutung.

Ziel des Spiels

Der Spieler, der als Erster mit einer genau erwürfelten Zahl das Zielfeld erreicht, hat das Spiel gewonnen. Wenn bald Weihnachten ist, kann für jeden Spieler, der das Ziel erreicht, ein kleiner Preis ausgezahlt werden, z. B. Schokokugeln, Kekse oder Nüsse.

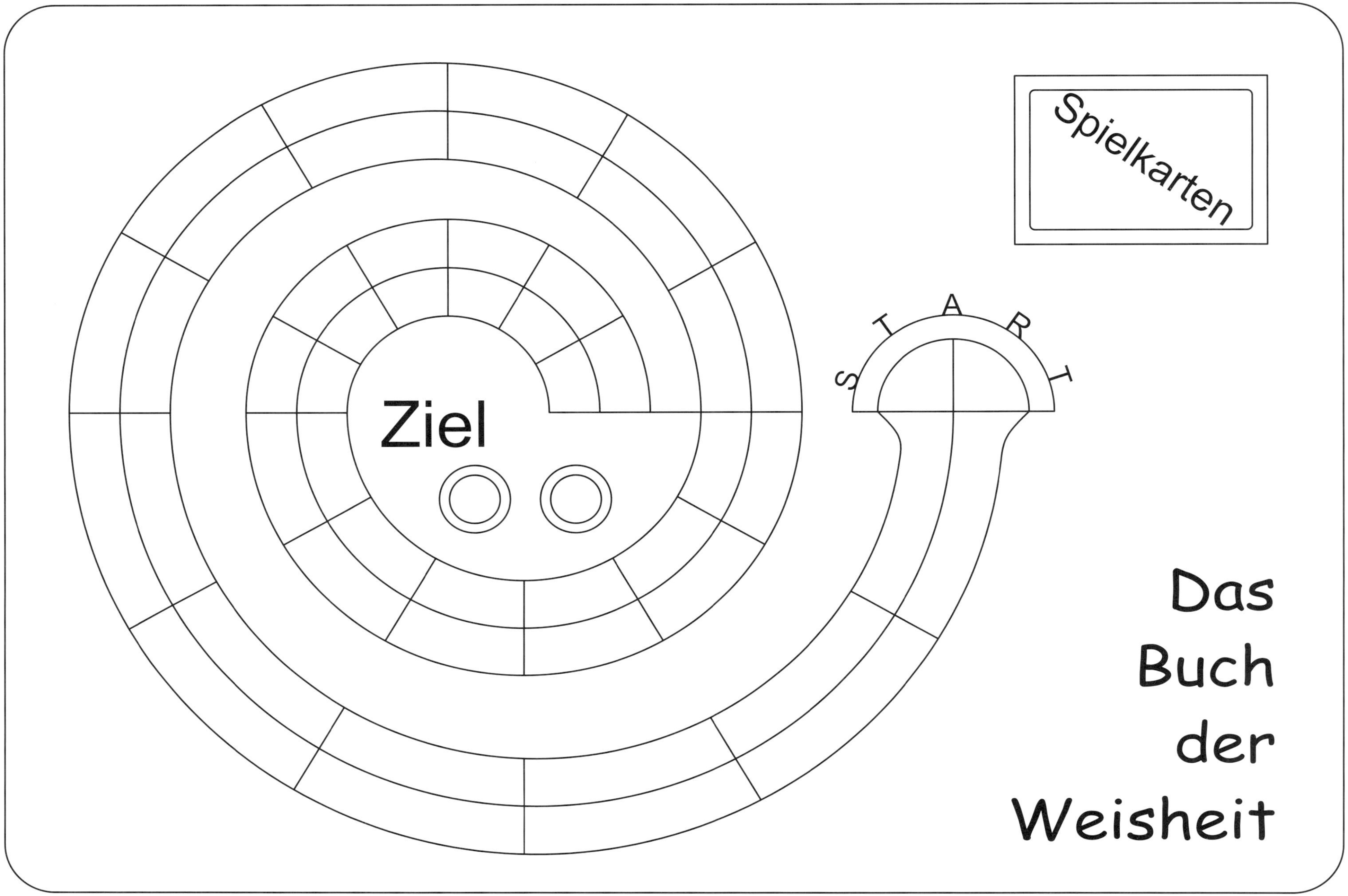
Spielkarten
START
Ziel
Das
Buch
der
Weisheit

Das Buch der Weisheit

Vorbereitung, Spielregeln, Gestaltung

ab Klasse 2

Spielmaterial

Für das Spiel: Ein Spielplan „Das Buch der Weisheit“ (DIN A3), pro Team eine Spielfigur, viele Spielkarten, eine Stoppuhr (Uhr mit Sekundenzeiger) und ein Würfel.

Für die Gestaltung des Spiels: Ein leerer Spielplan (DIN A3), Farbstifte, eine Prospekthülle (DIN A3).

Vorbereitung

Vor dem Spiel müssen die **Spielkarten** kopiert und ausgeschnitten werden. Sie werden gemischt und mit der Schrift nach unten auf das Feld „Spielkarten“ gelegt. Man zieht immer die oberste Karte und legt sie nach Gebrauch unter den Stapel.

Es gibt zwei Arten von Spielkarten: Für jüngere Spieler/innen (bis ca. 10 Jahre) kann man die Karten verwenden, bei denen es nur drei Tabu-Wörter gibt. Bei älteren Spieler/innen nutzt man die Karten, die fünf Tabu-Wörter enthalten.

Der Spielplan kann nach Belieben gestaltet werden und kommt nach dem Ausmalen in eine passende Prospekthülle.

Spielverlauf

Es spielen jeweils zwei Gruppen mit je bis zu 5 Spieler/innen gegeneinander. Die Spielfiguren der beiden Gruppen werden auf das Startfeld gestellt.

Durch Würfeln wird ausgelost, welche Gruppe mit dem Spiel beginnt.

Jeweils ein (von der Gruppe vorher bestimmter) Spieler zieht eine Spielkarte. Diese darf er lesen und muss sich den zu erklärenden Begriff sowie die 3 bzw. 5 Tabuwörter merken. Nach spätestens 15 Sekunden muss er die Spielkarte einem Spieler der gegnerischen Gruppe aushändigen. Er darf die Spielkarte unter keinen Umständen seinen Mitspielern zeigen!

Der Aufbau der Spielkarten

oben:
Ein **?** und dahinter der zu erratende Begriff.

unten:
Das Wort **Tabu** und dahinter die drei bzw. fünf Tabuwörter.

Das Buch der Weisheit

?	Der Pfarrer
Tabu	Gottesdienst
	Kirche
	reden

Nun hat der Spieler insgesamt 2 Minuten Zeit, seiner Gruppe den zu erratenden Begriff zu beschreiben. Dabei darf er die Tabuwörter weder vollständig noch abgewandelt oder teilweise aussprechen.

Gelingt es der Gruppe, den Begriff richtig zu erraten, so darf die Spielfigur vorrücken und zwar um 1 Feld, wenn die Gruppe über eine Minute gebraucht hat, um den Begriff zu beschreiben, bzw. um 2 Felder, wenn sie unter 60 Sekunden geblieben ist.

Die Spieler/innen der Gruppe dürfen durcheinander raten.

Falls ein Spieler der gegnerischen Mannschaft sich nicht beherrschen konnte und den Begriff laut ausrief, so darf die Spielfigur um 3 Felder vorrücken. Dasselbe gilt bei jedem unfairen Verhalten.

Wenn ein Begriff nicht in der vorgegebenen Zeit erraten wurde, so bleibt die Spielfigur stehen und die andere Gruppe ist an der Reihe.

Es ist einem Spieler verboten, seiner Gruppe durch Hinweise oder Zeichen zu verstehen zu geben, ob sie auf der richtigen Spur sind. Bei jüngeren Spieler/innen wird dieses Verbot aufgehoben.

Sollte einem Spieler der zu erratende Begriff völlig unbekannt sein, so darf er die Karte zurückgeben. Allerdings darf man keine Karte zurückgeben, nur weil der Begriff schwer zu beschreiben ist.

Ziel des Spiels

Die Gruppe, deren Spielfigur als Erstes das Ziel erreicht, hat das Spiel gewonnen.

Spielvariation

Das Spiel kann man auch ohne Spielbrett und nur mit den Spielkarten als Pfänderspiel durchführen: Jeder Spieler, der einen Begriff beschreiben muss, aber ein Tabu bricht, muss ein Pfand abgeben. Jeder richtig erratene Begriff ergibt einen Punkt für die Mannschaft. Diese Variante hat den Vorteil, dass es beliebig lange dauern und jederzeit beendet werden kann.

Literaturhinweis

Frei nach: Tabu. Wer umschreibt, der bleibt! – Hasbro Deutschland GmbH, Soest 2000.

Das Buch der Weisheit – Blankokarten für 3 Tabuwörter

Das Buch der Weisheit

?	
Tabu	

Das Buch der Weisheit

?	
Tabu	

Das Buch der Weisheit

?	
Tabu	

Das Buch der Weisheit

?	
Tabu	

Das Buch der Weisheit

?	
Tabu	

Das Buch der Weisheit

?	
Tabu	

Das Buch der Weisheit

?	
Tabu	

Das Buch der Weisheit

?	
Tabu	

Das Buch der Weisheit

?	
Tabu	

Das Buch der Weisheit

?	
Tabu	

Das Buch der Weisheit – Blankokarten für 5 Tabuwörter

Das Buch der Weisheit

?		
Tabu		

Das Buch der Weisheit

?		
Tabu		

Das Buch der Weisheit

?		
Tabu		

Das Buch der Weisheit

?		
Tabu		

Das Buch der Weisheit

?		
Tabu		

Das Buch der Weisheit

?		
Tabu		

Das Buch der Weisheit

?		
Tabu		

Das Buch der Weisheit

?		
Tabu		

Das Buch der Weisheit

?		
Tabu		

Das Buch der Weisheit

?		
Tabu		

Das Buch der Weisheit – Kartenset 1

Das Buch der Weisheit

?	Der Pfarrer
Tabu	Gottesdienst
	Kirche
	reden

Das Buch der Weisheit

?	Maria
Tabu	Mutter
	Jesus
	Kind

Das Buch der Weisheit

?	Die Hölle
Tabu	Feuer
	Tod
	Teufel

Das Buch der Weisheit

?	Johannes der Täufer
Tabu	Jordan
	Messias
	Jesus

Das Buch der Weisheit

?	Die Hostie
Tabu	Brot
	essen
	Kommunion

Das Buch der Weisheit

?	Jesus
Tabu	Sohn
	Gott
	Auferstehung

Das Buch der Weisheit

?	Die Taufkerze
Tabu	Taufe
	Kind
	brennen

Das Buch der Weisheit

?	Christen
Tabu	Glauben
	Taufe
	Kirche

Das Buch der Weisheit

?	Die Bibel
Tabu	Buch
	Geschichten
	Gott

Das Buch der Weisheit

?	Jahwe
Tabu	Gott
	Israel
	Ich

Das Buch der Weisheit – Kartenset 2

Das Buch der Weisheit

?	Der Mönch
Tabu	Mann
	Kloster
	beten

Das Buch der Weisheit

?	Das Kloster
Tabu	Haus
	Mönch oder Nonne
	Orden

Das Buch der Weisheit

?	Der Sonntag
Tabu	Tag
	Kirche
	Gottesdienst

Das Buch der Weisheit

?	Die Kirchenglocke
Tabu	läuten
	Kirche
	Sonntag

Das Buch der Weisheit

?	Die Schöpfung
Tabu	Gott
	Erde
	erschaffen

Das Buch der Weisheit

?	Das Paradies
Tabu	Adam und Eva
	Garten
	Gott

Das Buch der Weisheit

?	Der Glaube
Tabu	Religion
	Gott
	glauben

Das Buch der Weisheit

?	evangelisch
Tabu	katholisch
	Martin Luther
	Kirche

Das Buch der Weisheit

?	Der Religionslehrer
Tabu	Mann oder Frau
	Unterricht
	Schule

Das Buch der Weisheit

?	Der Papst
Tabu	Vatikan
	katholische Kirche
	Rom

Das Buch der Weisheit – Kartenset 3

Das Buch der Weisheit

?	Die Arche Noach	
Tabu	Schiff	Regen
	zwei	Gott
	Tiere	

Das Buch der Weisheit

?	Das Christkind	
Tabu	Jesus	Weihnachten
	Maria	Josef
	Krippe	

Das Buch der Weisheit

?	Das Gebot	
Tabu	Verbot	Gott
	Gesetz	Menschen
	Religion	

Das Buch der Weisheit

?	Simon Petrus	
Tabu	Bibel	Jesus
	Freund	Jünger
	Neues Testament	

Das Buch der Weisheit

?	Eva	
Tabu	Frau	Adam
	Paradies	Schlange
	verführt	

Das Buch der Weisheit

?	Das Gesangbuch	
Tabu	Lied	Musik
	singen	Kirche
	Gottesdienst	

Das Buch der Weisheit

?	Sankt Martin	
Tabu	Heiliger	teilen
	Bettler	Schwert
	Laterne	

Das Buch der Weisheit

?	Der Klingelbeutel	
Tabu	Geld	Spende
	Kirche	Stoff
	sammeln	

Das Buch der Weisheit

?	Der Bräutigam	
Tabu	Mann	Braut
	Hochzeit	feiern
	Ehe	

Das Buch der Weisheit

?	Das verlorene Schaf	
Tabu	Tier	Hirte
	Jesus	99
	Gleichnis	

Das Buch der Weisheit – Kartenset 4

Das Buch der Weisheit

?	Jerusalem	
Tabu	Stadt	Palästina
	Jesus	Tempel
	Israel	

Das Buch der Weisheit

?	Der Koran	
Tabu	Buch	lesen
	Islam	heilig
	Muslime	

Das Buch der Weisheit

?	Buddha	
Tabu	Religion	Gold
	Indien	glauben
	Siddharta Gautama	

Das Buch der Weisheit

?	Die Psalmen	
Tabu	Bibel	Judentum
	Lieder	singen
	Altes Testament	

Das Buch der Weisheit

?	Der Heiligenschein	
Tabu	Kunst	Bild
	heilig	Kopf
	Mensch	

Das Buch der Weisheit

?	Die Buße	
Tabu	Reue	Sakrament
	gut	böse
	Beichte	

Das Buch der Weisheit

?	Das Grablicht	
Tabu	Friedhof	anzünden
	leuchten	Feuer
	Laterne	

Das Buch der Weisheit

?	Die Patentante	
Tabu	Frau	Kirche
	Taufe	Begleiterin
	Versprechen	

Das Buch der Weisheit

?	Die Religion	
Tabu	Gott	Himmel
	Glauben	Jesus
	Menschen	

Das Buch der Weisheit

?	König David	
Tabu	Krone	Goliat
	Bibel	Saul
	Altes Testament	

Das Buch der Weisheit – Kartenset 5

Das Buch der Weisheit

?	Das Religionsbuch
Tabu	lesen
	lernen
	Geschichten

Das Buch der Weisheit

?	Der Kirchturm
Tabu	Kirche
	Glocken
	Kreuz

Das Buch der Weisheit

?	Der Adventskranz
Tabu	Kerze
	vier
	grün

Das Buch der Weisheit

?	Das Osterfeuer
Tabu	brennen
	Kirche
	Nacht

Das Buch der Weisheit

?	Der Weihrauch
Tabu	Harz
	brennen
	Gottesdienst

Das Buch der Weisheit

?	Die Beerdigung
Tabu	Feier
	Friedhof
	Tod

Das Buch der Weisheit

?	Die Synagoge
Tabu	Gebet
	Haus
	Judentum

Das Buch der Weisheit

?	Der Altar
Tabu	Kirche
	Tisch des Mahles
	Pfarrer

Das Buch der Weisheit

?	Nikolaus von Myra
Tabu	Bischof
	Dezember
	Geschenke

Das Buch der Weisheit

?	Das Erntedankfest
Tabu	Feier
	Herbst
	Sonntag

Das Freundschaftsspiel

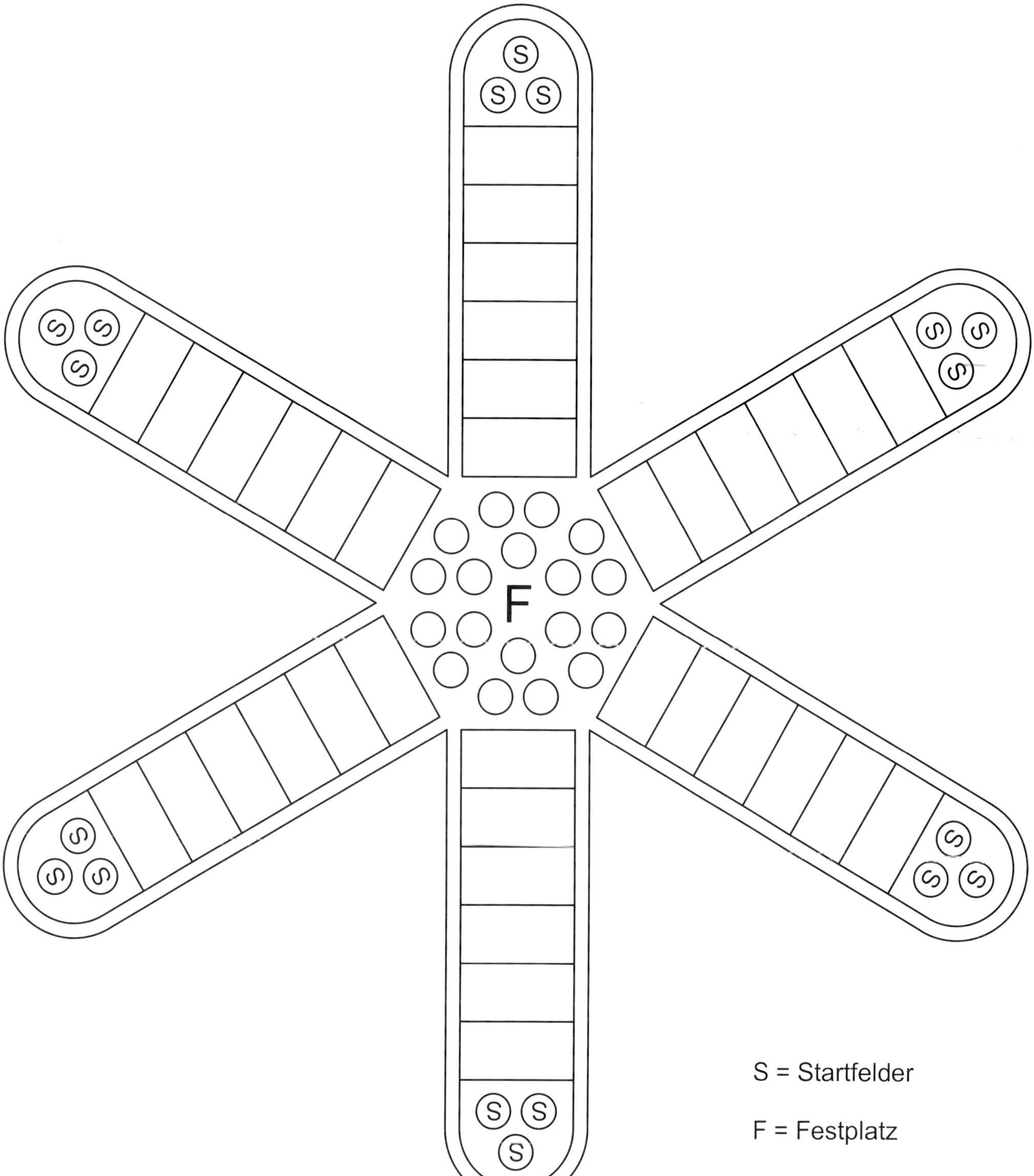

S = Startfelder

F = Festplatz

Das Freundschaftsspiel

Vorbereitung, Spielregeln, Gestaltung

ab Klasse 1

Spielmaterial

Für das Spiel: Ein Spielplan „Das Freundschaftsspiel“ (DIN A3), je drei Spielfiguren in verschiedenen Farben pro Spieler/in, 3 gleiche Münzen bzw. ein Würfel.

Für die Gestaltung des Spiels: Ein leerer Spielplan (DIN A3), Farbstifte, eine Prospekthülle (DIN A3).

Vorbereitung

Den Spielplan wie folgt gestalten:

Jeder der 6 Startorte am Ende der Speichen (mit den 3 Startfeldern für die Spielfiguren) wird mit einer anderen Farbe ausgemalt: Gelb, rot, grün, blau, violett und schwarz. Wenn man diese Farben verwendet, kann man die klassischen Spielfiguren von „Mensch-ärgere-dich-nicht“ verwenden. Die kleinen Kreise in der Mitte des Spielplans können entweder mit beliebigen Farben ausgemalt werden oder bunt durcheinander mit jeweils drei Kreisen in den o. g. Farben. Der Rest des Spielplans bleibt der eigenen Fantasie überlassen.

Spielverlauf und Spielregeln

Pro Spielplan können bis zu 6 Spieler/innen teilnehmen. Jeder Spieler setzt seine drei Figuren auf die drei Startfelder (S) am Ende der Speiche seiner Farbe.

Gewürfelt wird mit **drei Münzen** (z. B. drei Groschen, Cents). Diese wirft man etwas in die Höhe und lässt sie auf den Tisch fallen.

Wenn drei Zahlen nach oben liegen	→	3 Felder vorrücken.
Wenn zwei Zahlen und ein Kopf nach oben liegen	→	2 Felder vorrücken.
Wenn eine Zahl und zwei Köpfe nach oben liegen	→	1 Feld vorrücken und
wenn drei Köpfe nach oben liegen	→	stehen bleiben.

Falls man keine Münzen zur Hand hat, kann man auch einen **Würfel** benutzen:

Die Zahlen 3 und 6 bedeuten 3 Felder vor, die Zahlen 2 und 5 bedeuten 2 Felder vor und die Zahlen 1 und 4 bedeuten 1 Feld vor. Den Wert „Stehen bleiben“ gibt es dann nicht.

Jüngeren Kindern kann man vor Beginn des Spiels noch eine kleine Geschichte erzählen:

„Im Garten der Weltfamilie soll ein großes Freundschaftsfest gefeiert werden. Alle Menschen der Erde sind eingeladen. Und so machen sich auch sechs Familien aus sechs verschiedenen Ländern auf, das Fest zu feiern. Sie reisen zum Festplatz, treffen sich dort und reden, spielen, tanzen, singen und essen miteinander. Man lernt sich kennen, tauscht Adressen aus und schließt neue Bekanntschaften, aus denen sich vielleicht Freundschaften entwickeln können. Es ist ein Fest des Friedens und der Freundschaft. Erst wenn alle Gäste eingetroffen sind, reisen die einzelnen Familien wieder zurück in ihr Heimatland.“

Der Spieler, dessen Heimat (Wohnung) am weitesten von der Schule entfernt liegt, beginnt mit dem Würfeln.

Vom Startfeld „**S**“ aus zieht der Spieler eine seiner Figuren in Richtung Festplatz „**F**“, je nachdem, welche Zahl er erwürfelt hat.

Man darf alle seine Figuren unterwegs haben. Wenn mehrere Figuren unterschiedlich weit vom Festplatz „**F**“ entfernt stehen, ist die Chance größer, mit einer genauen Würfelzahl in die Mitte (zum Festplatz „**F**“) zu kommen.

Auf dem Festplatz „**F**“ versammeln sich nach und nach alle Figuren der Spieler/innen. Wenn ein Spieler seine drei Figuren auf dem Festplatz stehen hat, muss er solange warten, bis alle Mitspieler/innen ihre Figuren auf dem Festplatz untergebracht haben. Erst wenn keine einzige Figur mehr in Richtung Festplatz zieht, darf die Rückreise angetreten werden.

Auch für die **Rückreise** gilt: Man darf alle seine Spielfiguren unterwegs haben. Und man muss mit einer genau erwürfelten Zahl in die drei Startfelder kommen.

Damit es auf der Rückreise schneller gilt, ändert sich der Wert der Münzen, bzw. des Würfels:

Bei den **Münzen** gilt in Abänderung zum Hinweg:
Wenn drei Köpfe nach oben liegen → 4 Felder vor.

Beim **Würfel** gelten alle Zahlen nach ihrem Wert.

Ziel des Spiels

Der Spieler, der seine drei Spielfiguren zuerst auf seine drei Startfelder zurückbringen konnte, hat das Spiel gewonnen.

DAS JUNGEN- UND MÄDCHENSPIEL

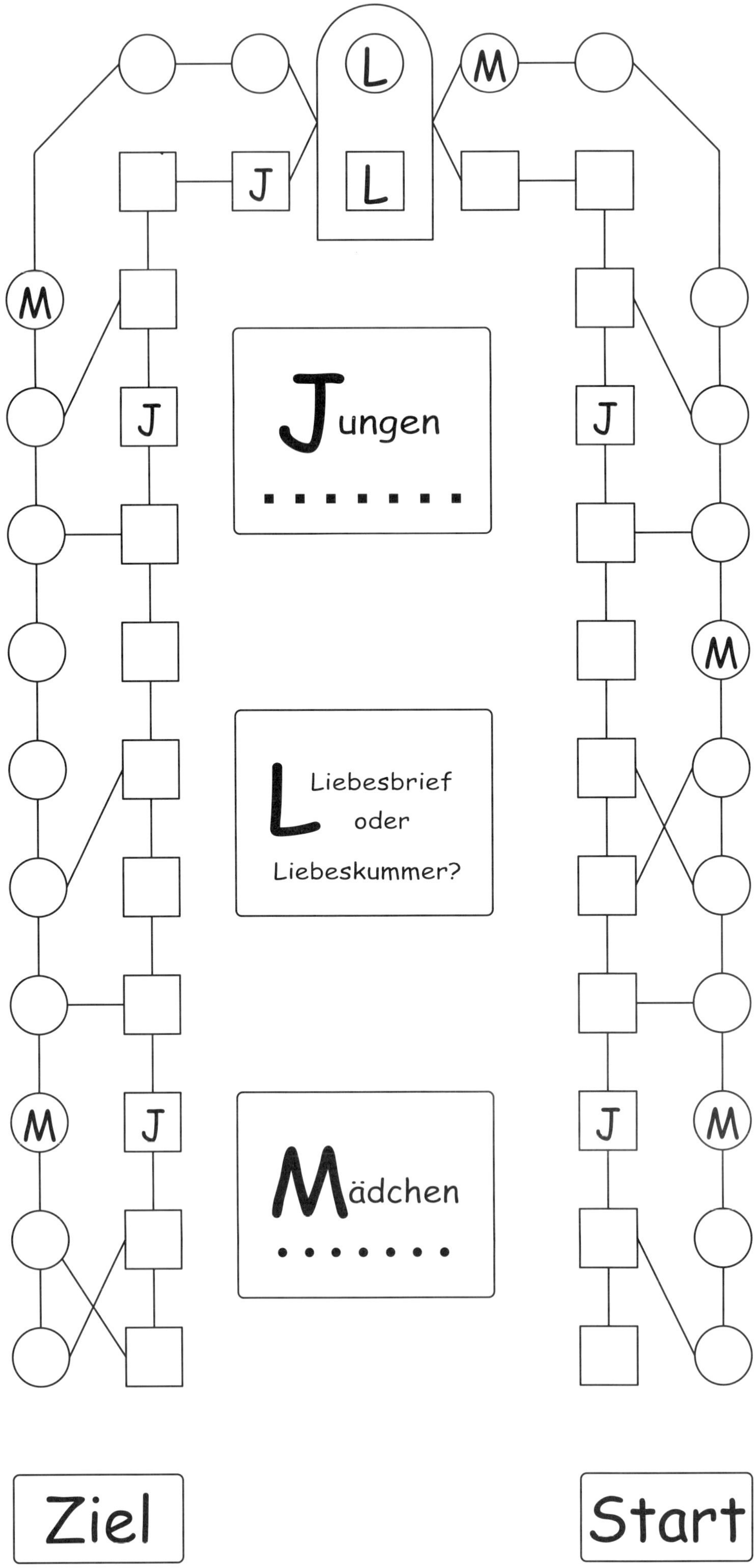

Das Jungen- und Mädchenspiel

Vorbereitung, Spielregeln, Gestaltung

ab Klasse 1

Spielmaterial

Für das Spiel: Ein Spielplan „Das Jungen- und Mädchenspiel“ (DIN A3), viele Ereigniskarten „**J-Jungen**“, „**M-Mädchen**“ und „**L-Liebesbrief oder Liebeskummer?**“, ein Würfel, je eine Spielfigur pro Spieler/in (je eine Farbe pro Team), Zettel und Stifte.

Für die Gestaltung des Spiels: Ein leerer Spielplan (DIN A3), Farbstifte, Blankokarten des Spiels und eine Prospekthülle (DIN A3).

Vorbereitung

Zunächst den **Spielplan** mit Farben gestalten:

Die runden **Mädchenfelder** in Rot (**M-Felder**, Feld für die Mädchen-Ereigniskarten) und Rosa (die leeren Kreise),

die quadratischen **Jungenfelder** in Dunkelblau (**J-Felder**, Feld für die Jungen-Ereigniskarten) und Hellblau (die leeren Quadrate) ausmalen.

Die **L-Felder** für die Ereigniskarten **Liebesbrief oder Liebeskummer?** werden beliebig ausgemalt (z. B. gelb), ebenso das Start- bzw. Zielfeld.

Die **Ereigniskarten** können auf Normalpapier oder farbiges Tonpapier kopiert und anschließend ausgeschnitten werden.

Mit älteren Schüler/innen kann man eigene Ereigniskarten erstellen. Dazu die **Blankokarten** entsprechend häufig kopieren und in Einzel- oder Gruppenarbeit neue und aktuelle Aufgaben und Fragen formulieren lassen.

Spielverlauf

Es spielen jeweils bis zu drei Jungen und drei Mädchen miteinander.

Die Ereigniskarten werden nach **M**-, **J**- und **L**-Karten sortiert, gemischt und in drei verschiedenen Stapeln mit der Schrift nach unten auf die entsprechenden Felder auf dem Spielplan ausgelegt.

Gewürfelt wird abwechselnd zwischen dem Jungenteam und dem Mädchenteam. Dabei wechseln sich die Spieler/innen innerhalb der Gruppe ab.

Jedes Team erhält eine Spielfigur pro Spieler/in. Es gibt nur zwei Farben, eine für das Jungenteam und eine für das Mädchenteam.

Es dürfen alle Figuren im Spiel sein. Gezogen werden darf mit jeder Figur der Mannschaft, sodass man sich den günstigsten Weg aussuchen kann.

Bei einer 6 darf nicht noch einmal gewürfelt werden. Erwürfelte Zahlen dürfen nicht auseinander genommen werden (aus einer 6 darf z. B. keine 4 + 2 gemacht werden).

Die Jungen laufen auf den quadratischen Feldern, die Mädchen auf den runden Feldern.

Bleibt eine Figur auf einem **Feld mit einer Querverbindung** zum anderen Team stehen, muss sie auf das Feld am anderen Ende des Striches ziehen. Das heißt: Ein Junge kann auf die Mädchenspur gelangen und ein Mädchen auf die Jungenspur! Das hat Konsequenzen: Jungen dürfen die Spielfiguren der Mädchen schlagen, wenn sie auf der Jungenspur sind und Mädchen dürfen die Spielfiguren der Jungen schlagen, wenn sie auf der Mädchenspur sind.

Es ist verboten, dass ein Junge auf der Mädchenspur die Figur eines Mädchens schlägt und ebenso, dass ein Mädchen auf der Jungenspur die Figur eines Jungen schlägt.

Andererseits dürfen Jungen keine Figuren der Jungen und Mädchen keine Figuren der Mädchen schlagen. Da aber nur jeweils eine Figur auf einem Feld stehen darf, kann das unter Umständen bedeuten, dass keine Figur gezogen werden kann oder man einen ungünstigen Zug ziehen muss.

Geschlagene Figuren werden wieder auf das Startfeld gestellt.

Gelingt es, eine Spielfigur auf der Spur der gegnerischen Mannschaft wieder auf ein Feld mit einer Querverbindung zur eigenen Spur zu erreichen, darf man wieder auf die eigene Spur ziehen.

Wenn eine Figur auf ein **M**-, **J**- oder **L**-Feld zum Stehen kommt, muss in jedem Fall die entsprechende Ereigniskarte gezogen werden. Die Anweisungen auf den Karten müssen unverzüglich befolgt werden.

Ziel des Spiels

Das Team, dessen Spielfiguren zuerst vollständig und mit einer genauen Augenzahl das Ziel erreicht haben, hat gewonnen.

Das Jungen und Mädchenspiel – Blankokarten

J	J
J	J
M	M
M	M
L	L

J = Jungenkarte M = Mädchenkarte L = Liebeskummer-Karte

Das Jungen- und Mädchenspiel – Kartenset 1

J

Du bist auf dem Schulhof beim Rauchen erwischt worden.
Eine Runde aussetzen!

J

Du bist zum Schulsprecher gewählt worden.
Noch einmal würfeln.

J

Du hast Ärger mit deiner Mutter, weil du deinen CD-Player zu laut spielen lässt.
Gehe fünf Felder zurück.

J

Du bist Oberministrant geworden.
Gehe ein Feld vor den vordersten Spieler.

M

Du hast dein ganzes Taschengeld für Kosmetik ausgegeben.
Gehe zum Feld des nächsten Jungen hinter dir. Vielleicht pumpt er dir ein paar Euro.

M

Dein Vater ist sauer auf dich, weil du eine Stunde später gekommen bist, als du gesagt hast.
Gehe auf das nächste J-Feld vor dir und vergiss den Ärger.

M

Deine Mutter hat dir einen „todschicken“ Rock mitgebracht, den du scheußlich findest. Du ziehst ihn aus Gefälligkeit aber trotzdem an.
Noch zweimal würfeln.

M

Du bekommst bei der Schulvorführung viel Applaus für eine Karaoke-Aufführung.
Gehe 4 Felder vor.

L

Du hast deine Schüchternheit überwunden und einen Liebesbrief abgeschickt.
Gehe auf das Feld des nettesten Jungen oder Mädchens der Spielrunde.

L

Dein Liebesbrief wird in der ganzen Klasse gezeigt und zum Gespött gemacht.
Gehe zum Trost auf das vorderste J- oder M-Feld.

J = Jungenkarte M = Mädchenkarte L = Liebeskummer-Karte

Das Jungen- und Mädchenspiel – Kartenset 2

J

Dein Lehrer versucht, dich für die Ballett-AG zu gewinnen. Das findest du aber unmännlich.
Eine Runde aussetzen wegen deiner Vorurteile.

J

Du rettest die kleine Katze des Hausmeisters vor dem Ertrinken im Schulteich.
2 mal würfeln.

J

Du lachst ein Mädchen aus, weil es die Matheaufgaben nicht verstanden hat.
Tausche mit dem hintersten Mädchen den Platz.

J

Du erklärst einem Mädchen eine englische Grammatikregel.
Einmal würfeln und mit einem Mädchen deiner Wahl zusammen die erwürfelte Punktzahl gehen.

M

Du machst dich über einen Jungen lustig, der seine Haare merkwürdig ausrasiert hat.
Zweimal würfeln und rückwärts ziehen.

M

Du sollst für deine Freundin einen Jungen ansprechen.
Gehe auf das Feld eines Jungen der Wahl deiner linken Nachbarin.

M

Du hast dich zu Fasching als Macho verkleidet. Niemand erkennt dich.
Gehe auf das nächste J-Feld vor dir.

M

Du konntest beim Weitwurf weiter werfen als der beste Junge der Klasse.
Gehe auf das Feld des sportlichsten Jungen.

L

Du versuchst ein Liebesgedicht zu schreiben, aber nach 28 Versuchen gibst du entnervt auf.
3 mal aussetzen!

L

Du willst jemanden mit einem Liebesgedicht überraschen.
Verfasse einen Vierzeiler mit den Worten „Herz, Schmerz, mein und dein". Wenn nötig solange aussetzen bis du fertig bist!

J = Jungenkarte M = Mädchenkarte L = Liebeskummer-Karte

Das Jungen- und Mädchenspiel – Kartenset 3

J

Du behauptest, dass du die Frauen kennst.
Nenne drei positive Eigenschaften der Frauen und eine negative!

J

Du willst ein Mädchen kennen lernen und es ansprechen.
Gehe auf das Feld eines Mädchens deiner Wahl und mache ihr ein Kompliment.

J

Du hast dich zum Firm-(Konfirmations-)unterricht angemeldet.
2 mal würfeln.

J

Du bist bei einem Mädchen zum Geburtstag eingeladen.
Nenne von einem Mädchen deiner Wahl ein zu ihr passendes Geschenk. Dann geht beide 2 Felder vor.

M

Du behauptest, dass du die Männer kennst.
Nenne drei positive Eigenschaften der Männer und eine negative!

M

Du willst einen Jungen kennen lernen und ihn ansprechen.
Gehe auf das Feld eines Jungen deiner Wahl und mache ihm ein Kompliment.

M

Du begleitest eine alte Dame zur Kirche.
Gehe 2 Felder vor.

M

Du bist bei einem Jungen zum Geburtstag eingeladen.
Nenne von einem Jungen deiner Wahl ein zu ihm passendes Geschenk. Dann geht beide 2 Felder vor.

L

Die Eltern deiner Freundin (deines Freundes) haben etwas gegen dich und verbieten den Umgang mit dir.
Gehe zurück zum Start und fange von vorne an. Du darfst aber 2 mal würfeln.

L

Du bist bei deiner Freundin (deinem Freund) eingeladen und schenkst der Mutter einen Blumenstrauß.
5 Felder auf der anderen Spur weiter.

J = Jungenkarte M = Mädchenkarte L = Liebeskummer-Karte

Das Jungen- und Mädchenspiel – Kartenset 4

J

Du überlegst, auf welchen Namen du einmal deine Tochter taufen lassen würdest.
Nenne 5 Mädchennamen mit Anfangsbuchstaben „M“ und gehe auf das nächste M-Feld.

J

Im Religionsunterricht geht es um Männer und Frauen der Bibel.
Nenne bis zu 5 Frauennamen aus der Bibel und gehe für jeden Namen, der dir eingefallen ist, je 1 Feld vor.

J

Im Geschichtsunterricht geht es um berühmte Männer und Frauen.
Spiele pantomimisch eine Frau aus der Geschichte vor. Wenn sie innerhalb von 1 Minute erraten wird, 1 mal würfeln.

J

Du mischt dich in eine Diskussion „Frauen in der katholischen Kirche“ ein.
Nenne 1 Beispiel, warum Frauen für die Kirche wichtig sind. Dann 3 Felder auf der M-Spur vor.

M

Du überlegst, auf welchen Namen du einmal deinen Sohn taufen lassen würdest.
Nenne 5 Jungennamen mit Anfangsbuchstaben „J“ und gehe auf das nächste J-Feld.

M

Im Religionsunterricht geht es um Männer und Frauen der Bibel.
Nenne bis zu 5 Männernamen aus der Bibel und gehe für jeden Namen, der dir eingefallen ist, je 1 Feld vor.

M

Im Geschichtsunterricht geht es um berühmte Männer und Frauen.
Spiele pantomimisch einen Mann aus der Geschichte vor. Wenn er innerhalb von 1 Minute erraten wird, 1 mal würfeln.

M

Du mischt dich in eine Diskussion „Männer in der katholischen Kirche“ ein.
Nenne 1 Beispiel, warum Männer in der Kirche wichtig sind. Dann 3 Felder auf der J-Spur vor.

L

Deine Freundin ist traurig, weil ihre Eltern die Scheidung eingereicht haben.
Nehme die Spielfigur eines Mädchens deiner Wahl auf dein Feld.

L

Du willst später einmal kirchlich heiraten, dein Partner/deine Partnerin nicht.
Nenne einen Grund, warum die kirchliche Heirat sinnvoll ist. Dann noch einmal würfeln.

J = Jungenkarte   M = Mädchenkarte   L = Liebeskummer-Karte

Das Jungen- und Mädchenspiel – Kartenset 5

J

Du willst einmal ein „richtiger Mann“ sein.
Nenne 3 Beispiele, die einen Jungen zum Mann machen. Dann 4 Felder auf der J-Spur weiter.

J

Du hast beim Firmunterricht nicht aufgepasst.
2 Felder auf der J-Spur zurück.

J

Im Biologieunterricht hast du gut aufgepasst.
Nenne bis zu 3 männliche Tiere (Fachausdrücke). Dann bis zu 3 Felder auf der J-Spur vor.

J

Du beobachtest auf der Straße einen Mönch.
Nenne einen Grund, warum das Leben als Mönch sinnvoll sein kann. Dann noch einmal würfeln.

M

Im Biologieunterricht hast du gut aufgepasst.
Nenne bis zu 3 weibliche Tiere (Fachausdrücke). Dann bis zu 3 Felder auf der M-Spur vor.

M

Du beobachtest auf der Straße eine Nonne.
Nenne einen Grund, warum das Leben als Nonne sinnvoll sein kann. Dann noch einmal würfeln.

M

Dein Bruder benötigt deinen Rat, weil er seiner Freundin einen Kosmetikartikel schenken möchte.
Nenne 5 wichtige Kosmetikartikel für eine Frau. Dann noch einmal würfeln.

M

Obwohl du ein Mädchen bist, packst du beim Aufbau der Bühne für das Kirchweihfest tüchtig mit an.
Noch einmal würfeln.

L

In der Schule wird ein Tanzkurs angeboten.
Tanze mit einem Partner/einer Partnerin deiner Wahl ein paar Schritte. Dann für beide 3 Felder vor und einen zurück.

L

Du bist von deinem Freund/deiner Freundin ins Kino eingeladen worden.
Nenne ein Liebespaar aus einem berühmten Film und gehe auf der anderen Spur weiter.

J = Jungenkarte M = Mädchenkarte L = Liebeskummer-Karte

Das Kirchenjahr

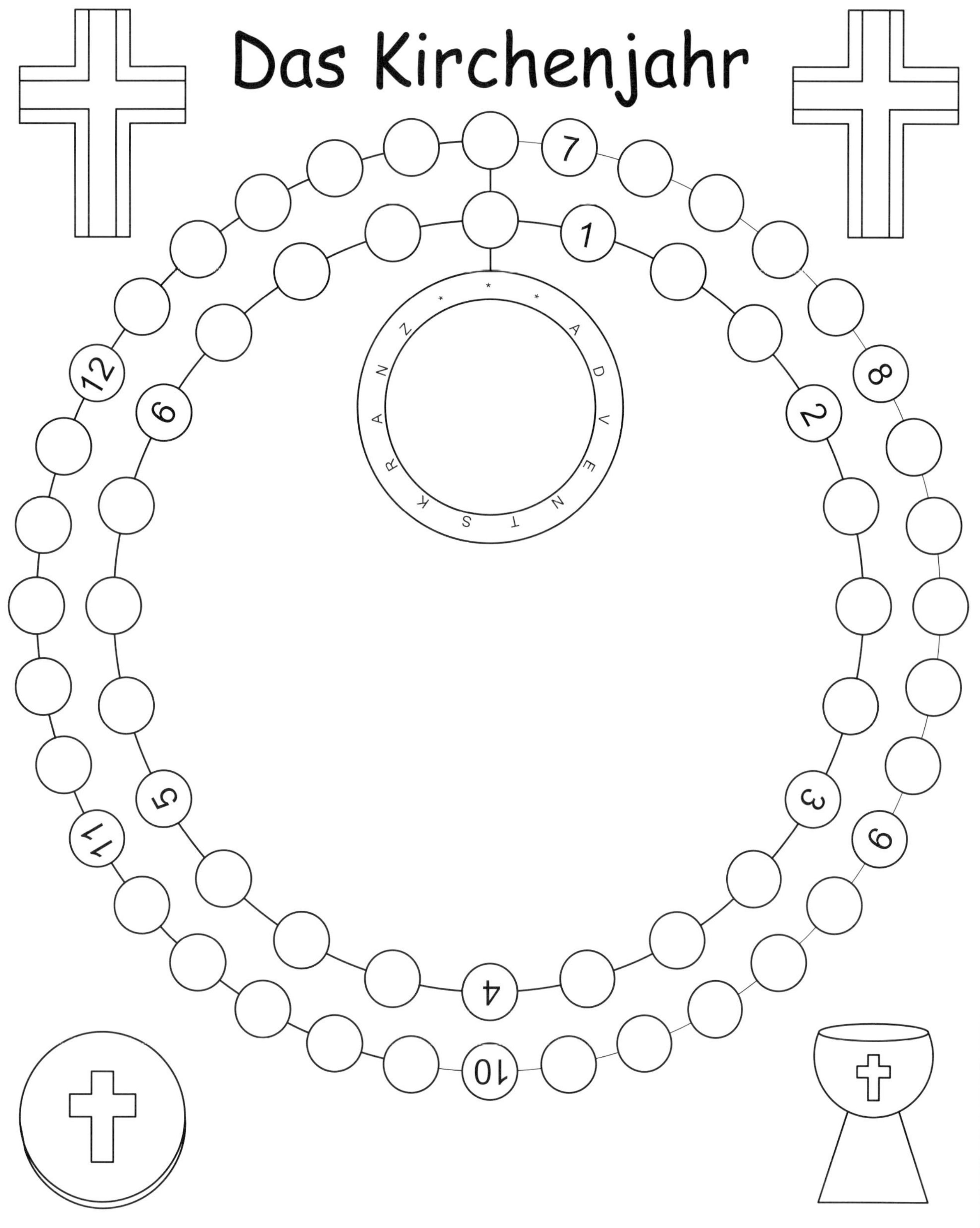

Das Kirchenjahr

Vorbereitung, Spielregeln, Gestaltung

ab Klasse 5

Spielmaterial

Für das Spiel: 1 leerer Spielplan „Das Kirchenjahr“ (DIN A3), 1 Würfel, 12 Fragekarten und je eine Spielfigur pro Spieler/in.

Für die Gestaltung des Spiels: 1 leerer Spielplan (DIN A3), Karteikarten (DIN A6), farbige Stifte, eine passende Prospekthülle.

Vorbereitung

Zunächst müssen die 12 Fragekarten für die Ereignisfelder kopiert und auf DIN A6-große Karteikarten geklebt werden.

Mit Hilfe der **Blankovorlage** können weitere Fragekarten hergestellt werden, die den eigenen Bedürfnissen angepasst sind.

Der Spielplan wird auf DIN A3-Größe kopiert und nach eigenem Geschmack ausgemalt oder mit passenden Bildchen beklebt. Wenn der Spielplan fertig ist, dann kann er auf eine DIN A3-Pappe geklebt und in eine passende Prospekthülle geschoben werden.

Spielverlauf

Es sollten nicht mehr als 6 Spieler/innen teilnehmen, da es sonst zu lange dauert, bis jeder an die Reihe kommt. Ein Spieler spielt nur als Schiedsrichter mit und liest die Fragen auf den Fragekarten vor.

Das **Startfeld** ist zugleich auch das **Zielfeld** und wird bei diesem Spiel **der Adventskranz** genannt.

Alle Spieler/innen stellen ihre Figuren auf den **Adventskranz** (= das Start- und Zielfeld). Das Start- und Zielfeld liegt in der Mitte der zwei Kreise mit den einfachen Kreisfeldern bzw. den Ereignisfeldern. Es geht zunächst im Uhrzeigersinn den inneren Kreis entlang und dann den äußeren Kreis, bis man wieder den Adventskranz erreicht. Die Ereignisfelder sind schon vorgegeben.

Der Spieler, der nach dem letzten Advent als erstes Geburtstag hatte, fängt mit dem Würfeln an (bei Uneinigkeit fängt das jüngste Kind an).

Es wird reihum im Uhrzeigersinn gewürfelt. Bei einer 6 darf man nicht noch einmal würfeln.

Wenn zwei oder mehrere Figuren auf einem Feld landen, dann bleiben sie zusammen dort stehen. Geschlagen wird nicht.

Falls die Schüler/innen die Ziffern zufällig so verteilt haben, dass man von einem Ereignisfeld auf das nächste geschickt wird, so hat das neue Feld für den Spieler keine Bedeutung. Das gleiche gilt, wenn die Mitspieler/innen durch einen anderen Spieler bewegt werden und dadurch auf ein Ereignisfeld gelangen.

Wer auf einem **Ereignisfeld** stehen bleibt, bekommt eine Frage oder Aufgabe der entsprechenden **Fragekarte** vorgelesen (auf dem Ereignisfeld Nr. 1 die Fragekarte Nr. 1 usw.).

Der Spieler entscheidet selbst, welche der dort stehenden Fragen oder Aufgaben von a) bis f) er vorgelesen haben möchte. Dabei ist a) die leichteste Frage oder Aufgabe und f) die schwerste. Das hat auch auf die Wertung der Antworten auf die jeweilige Frage eine Wirkung.

Die Wertung der Fragekarten

Wird die Frage richtig beantwortet, bzw. die Aufgabe zur Zufriedenheit gelöst (der Schiedsrichter entscheidet), dann tritt folgende Wertung in Kraft:

a) Auf dem Feld stehen bleiben und in der nächsten Runde ganz normal weiterspielen.

b) 1 Feld vor.

c) 2 Felder vor.

d) Bei richtiger Antwort 3 Felder vor. Bei falscher Antwort einmal aussetzen.

e) Bei richtiger Antwort noch einmal würfeln. Bei falscher Antwort 2 Felder zurück.

f) Bei richtiger Antwort 5 Felder vor. Bei falscher Antwort 3 Felder zurück.

Wird die Frage oder Aufgabe nicht gelöst, muss der Spieler eine Runde aussetzen.

Ziel des Spiels

Der Spieler, der als Erstes den Adventskranz (= das Start- und Zielfeld) erreicht, ist Gewinner des Spiels.

Das Kirchenjahr – Blankokarte

Karte Nr. **Thema:**

Nr.	Frage oder Aufgabe	Antwort
a)		
b)		
c)		
d)		
e)		
f)		

Karte Nr. **Thema:**

Nr.	Frage oder Aufgabe	Antwort
a)		
b)		
c)		
d)		
e)		
f)		

Karte Nr. **Thema:**

Nr.	Frage oder Aufgabe	Antwort
a)		
b)		
c)		
d)		
e)		
f)		

Das Kirchenjahr – Fragekarten 1 bis 3

Karte Nr. 1 Thema: Der Weihnachtsfestkreis

Nr.	Frage oder Aufgabe	Antwort
a)	Nenne die drei Farben des Advent!	Grün, rot, gelb
b)	Wähle eine Aufgabe aus: 1. Singe ein Advents- oder Weihnachtslied! 2. Sage ein Advents- oder Weihnachtsgedicht auf!	– – –
c)	An welchem Tag feiert man die Geburt Jesu?	Heilig Abend, 24. Dezember
d)	An welchem Tag beginnt das neue Kirchenjahr?	Am 1. Adventssonntag
e)	An welchem Datum ist Weihnachten?	25. und 26. Dezember
f)	Was bedeutet „Epiphanie"?	Erscheinung des Herrn

Karte Nr. 2 Thema: Der Osterfestkreis

Nr.	Frage oder Aufgabe	Antwort
a)	Am wievielten Tag nach seinem Tod war die Auferstehung Jesu?	Am 3. Tag
b)	Nenne drei Dinge, auf die du während der Fastenzeit verzichten kannst!	z. B. Süßes, Fernsehen, Streit, Pommes, laute Musik, ärgern
c)	Warum ist das Ei zum Symbol des Osterfestes geworden?	Aus dem Ei kommt neues Leben.
d)	Nenne die Tage der Heiligen Woche!	Palmsonntag, Gründonnerstag, Karfreitag, Karsamstag, Ostern
e)	Was waren die letzten Worte Jesu an seine Jünger? Schlage dazu in der Bibel auf: Mt 28,20!	Ich bin bei euch alle Tage bis zum Ende der Welt
f)	Wie viele Tage nach Ostern ist Pfingsten?	50 Tage

Karte Nr. 3 Thema: Heiligenfeste

Nr.	Frage oder Aufgabe	Antwort
a)	Erzähle eine kleine Nikolauslegende oder von einem Brauch zu Nikolaus.	– – –
b)	Wofür ist der Heilige Martin von Tours ein Vorbild?	Für das Teilen (oder Helfen), für das Leben als Christ
c)	In welchem Monat wird die heilige Elisabeth von Thüringen verehrt?	19. November
d)	Welcher italienische Heilige hat die Weihnachtskrippe erfunden?	Franziskus von Assisi
e)	Wie lautet der Oberbegriff für die Heiligen Servatius, Pankratius und Bonifatius?	Eisheilige
f)	Wie starb der heilige Maximilian Kolbe, der am 14. August von der Kirche verehrt wird?	Er gab sein Leben für einen Häftling und verhungerte im KZ von Auschwitz

Das Kirchenjahr – Fragekarten 4 bis 6

Karte Nr. 4	Thema: Marienfeste	
Nr.	**Frage oder Aufgabe**	**Antwort**
a)	Wie hieß der Engel, der Maria die Geburt Jesu verkündete?	Gabriel
b)	Mit welchen Worten beginnt das Ave Maria?	Gegrüßet seist du, Maria …
c)	Wie nennt man eine Darstellung Marias mit dem Jesu-Kind auf dem Arm?	Madonna
d)	Welcher Marienfeiertag ist am 8. Dezember?	Maria Empfängnis
e)	Nenne die Einzelteile vom Rosenkranz!	Kreuz, 6 große Perlen und 53 kleine Perlen
f)	Welcher Brauch findet an Maria Himmelfahrt statt?	Die Kräuterweihe

Karte Nr. 5	Thema: Feste im Jahreskreis (Jan. – Juni)	
Nr.	**Frage oder Aufgabe**	**Antwort**
a)	Welcher Feiertag ist der erste im Kalenderjahr?	Hochfest der Gottesmutter am 1. Januar
b)	Nenne 2 Feiertage, die im Frühling oder Sommer gefeiert werden!	Maria Lichtmess, Aschermittwoch, Karfreitag, Ostern, Pfingsten, Peter und Paul …
c)	Nenne einen Feiertag zwischen Januar und Juni, der nicht kirchlich ist!	Valentinstag, Rosenmontag, Fasching, 1. Mai, Muttertag, Vatertag …
d)	Welche Zeit liegt vor Ostern?	Die Fastenzeit oder die Tage der Karwoche
e)	An welchem Kirchenfeiertag feiert man auch den Vatertag?	An Christi Himmelfahrt
f)	In welchem Monat ist Maria Lichtmess?	Im Februar

Karte Nr. 6	Thema: Feste im Jahreskreis (Juli – Dez.)	
Nr.	**Frage oder Aufgabe**	**Antwort**
a)	Welches Fest wird am 1. Sonntag im Oktober gefeiert?	Das Erntedankfest
b)	Welcher Feiertag ist der letzte im Kalenderjahr?	Silvester
c)	Nenne 2 Feiertage im Herbst und Winter!	Erntedank, St. Martin, Allerheiligen, Allerseelen, Nikolaus, Hl. Abend, Weihnachten
d)	Am 4. Dezember werden zu Ehren einer Heiligen Zweige in die Vasen gestellt, damit sie an Weihnachten blühen. Wie heißt diese Heilige?	Barbara
e)	Welcher evangelische Feiertag wird im November gefeiert?	Der Buß- und Bettag
f)	Erzähle mit ein paar Sätzen etwas über das Leben der heiligen Elisabeth!	– – –

Das Kirchenjahr – Fragekarten 7 bis 9

Karte Nr. 7 — Thema: Christliches Brauchtum

Nr.	Frage oder Aufgabe	Antwort
a)	Womit macht man beim Eintritt in eine katholische Kirche das Kreuzzeichen?	Mit Weihwasser, mit der rechten Hand
b)	Mit welchen Worten beginnt das Gebet, das beim Kreuzzeichen gesprochen wird.	Im Namen des Vaters …
c)	Wie nennt man einen feierlichen Umzug, z. B. an Palmsonntag oder Fronleichnam?	Eine Prozession
d)	Wie nennt man die Kinder, die als hl. Drei Könige verkleidet Geld für die Dritte Welt sammeln?	Die Sternsinger
e)	Was durften Katholiken früher am Freitag und in der Fastenzeit nicht essen?	Fleisch, fette Speisen, Süßes
f)	Bei vielen Kirchenfesten wird in der Kirche Weihrauch verbrannt. Was ist Weihrauch?	Ein Baumharz

Karte Nr. 8 — Thema: Kirche als Ort des Feierns

Nr.	Frage oder Aufgabe	Antwort
a)	Zeige das Kreuzzeichen!	– – –
b)	Nenne je ein Merkmal einer katholischen und einer evangelischen Kirche!	K: Marienaltar, Heiligenfiguren … – E: weniger Schmuck, keine Bänke zum Knien …
c)	An welchem Tag werden in der Kirche keine Kirchenmusik gespielt und keine Glocken geläutet?	Karfreitag und Karsamstag
d)	Welcher Gegenstand in der Kirche erinnert uns an die Auferstehung Christi?	Die Osterkerze
e)	Wo werden die Hostien in der Kirche aufbewahrt?	Im Tabernakel oder Hostienschrank
f)	Welche drei Bedeutungen hat das Wort Kirche?	1. Das Gebäude 2. Die Pfarrgemeinde 3. Alle Christen auf der Welt

Karte Nr. 9 — Thema: Evangelische Feiertage

Nr.	Frage oder Aufgabe	Antwort
a)	An welchen Menschen erinnern viele evangelischen Feste und Feiertage?	An Martin Luther
b)	Nenne zwei Feiertage, die bei evangelischen und katholischen Christen gleich sind!	Weihnachten, Ostern, Pfingsten …
c)	Wann ist Reformationsfest?	Am 31. Oktober
d)	Welches kath. Sakrament wird bei den evang. Christen durch den Buß- und Bettag abgelöst?	Die Beichte
e)	Durch welches Sakrament wird ein Protestant in die Erwachsenengemeinde aufgenommen?	Durch die Konfirmation
f)	Woran erinnert das Reformationsfest?	Veröffentlichung der 95 Thesen durch M. Luther

Das Kirchenjahr – Fragekarten 10 bis 12

Karte Nr. 10 — Thema: Der Sonntag

Nr.	Frage oder Aufgabe	Antwort
a)	Woran soll uns jeder Sonntag erinnern?	An die Auferstehung Jesu
b)	Nenne eine Möglichkeit, den Sonntag im Sinne des Christentums zu begehen!	In die Kirche gehen, beten, mit Freunden essen und feiern, von Gott erzählen
c)	Nenne einen Feiertag, der immer auf einen Sonntag fällt!	1.–4. Advent, Palmsonntag, Ostersonntag, Pfingstsonntag, Erntedank …
d)	Nenne die beiden Hauptelemente des Sonntagsgottesdienstes!	Wortgottesdienst, Eucharistiefeier
e)	Welches Gebot macht auf den Sonntag aufmerksam?	3. Gebot: Du sollst den Sabbat heiligen
f)	Welchen alttestamentlichen Bezug hat der Sonntag?	7. Tag der Schöpfung im Buch Genesis. Einsetzung als Ruhetag

Karte Nr. 11 — Thema: Nicht-kirchliche Feste

Nr.	Frage oder Aufgabe	Antwort
a)	Nenne ein persönliches Fest, das nicht auf das Christentum zurückzuführen ist!	Geburtstag, standesamtliche Trauung, nicht-kirchliche Beerdigung
b)	An welchem Tag ist der Tag der Arbeit?	Am 1. Mai
c)	Was wird am 3. Oktober gefeiert?	Tag der Deutschen Einheit
d)	Nenne entweder ein jüdisches oder ein muslimisches Fest!	J: Sabbat, Pessachfest … M: Opferfest, Zuckerfest …
e)	Welches Fest entspricht bei Nicht-Christen der Firmung bzw. der Konfirmation?	Die Einsegnungsfeier
f)	Woran denkt man am Volkstrauertag?	An die Opfer der beiden Weltkriege und des Nationalsozialismus

Karte Nr. 12 — Thema: Das Kirchenjahr und seine Farben

Nr.	Frage oder Aufgabe	Antwort
a)	Welche Farbe trägt der katholische Pfarrer am häufigsten bei der Messe?	grün
b)	Nenne drei der Farben, die im Kirchenjahr vorkommen!	Grün, gelb, rot, weiß, violett (lila) und schwarz
c)	Welche Farbe trägt der katholische Pfarrer an Pfingsten?	rot
d)	Nenne einen Gegenstand, der in der Kirche in den Farben des Kirchenjahres geschmückt ist!	Altartücher, Priestergewand, Tuch über dem Kelch
e)	Welche Farbe hat das Gewand des evangelischen Pfarrers?	schwarz und weiß (Beffchen)
f)	Welche Farbe trägt der katholische Pfarrer in der Fastenzeit?	violett

Das Königsspiel von Ur

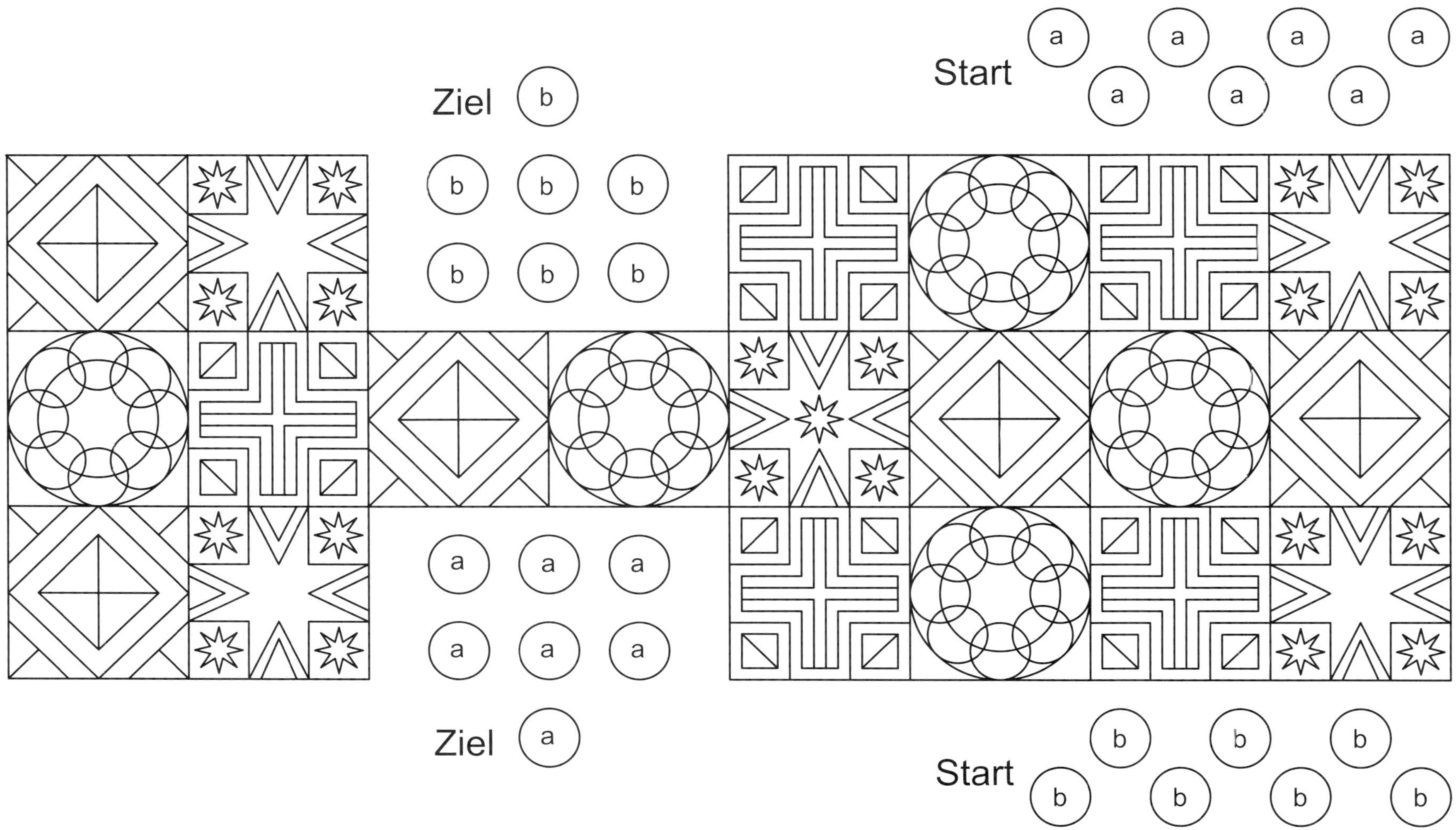

Das Königsspiel von Ur

Vorbereitung, Spielregeln, Gestaltung

ab Klasse 4

Spielmaterial

Für das Spiel: Ein Spielplan „Das Königsspiel von Ur“ (DIN A4), einen Würfel mit vier Seiten (bzw. mit sechs Seiten, wobei 5 und 6 nicht zählen), 7 helle und 7 dunkle Steine (bzw. Spielfiguren).

Für die Gestaltung des Spiels: Ein leerer Spielplan (DIN A4), Farbstifte und eine Prospekthülle (DIN A4).

Vorbereitung

Das Spielbrett muss vor dem Spiel noch mit bestimmten Farben ausgemalt werden:

Alle Felder mit einer Sternblume: Rottöne, z. B. rot, orange, rosa.

Alle Felder mit einem Kreuz: Brauntöne, z. B. gelb, hellbraun, dunkelbraun, hautfarben.

Alle Felder mit einer Raute: Blautöne, z. B. hellblau, dunkelblau, lila, grau, schwarz.

Alle Felder mit einem Kreis: Grüntöne, z. B. hellgrün, dunkelgrün, türkis.

Um das Königsspiel von Ur haltbarer zu machen, kann man den ausgemalten Spielplan zusammen mit einer Pappe in eine Prospekthülle schieben. Dann bleibt alles schön sauber und man hat länger etwas davon.

Spielverlauf

Wichtiges Vorwissen für die Schüler/innen:

Bei Ausgrabungen in der Heimat von Abraham entdeckten Forscher in einem Königsgrab ein Spiel: „Das Königsspiel von Ur“. Es ist über 4000 Jahre alt.

Das Spielbrett

Start für Spieler a

<table>
<tr><td>a 13
b 15</td><td>a 12
b 16</td><td colspan="2">Ziel für Spieler b</td><td>a 7</td><td>a 6</td><td>a 5</td><td>a 4</td></tr>
<tr><td>a 14
b 14</td><td>a 11
b 11</td><td>a 10
b 10</td><td>a 9
b 9</td><td>Start
und a 8
bzw. b 8</td><td>a 1
b 1</td><td>a 2
b 2</td><td>a 3
b 3</td></tr>
<tr><td>a 15
b 13</td><td>a 16
b 12</td><td colspan="2">Ziel für Spieler a</td><td>b 7</td><td>b 6</td><td>b 5</td><td>b 4</td></tr>
</table>

Start für Spieler b

a) Spielregeln für zwei Spieler/innen (a und b) mit Würfel

Die Spieler/innen stellen ihre 7 Steine auf die entsprechenden Startfelder.

Es wird abwechselnd gewürfelt. Wenn eine 4 fällt, wird ein Stein auf die **Sternblume** (Start für Spieler/innen a und b) im Mittelgang gestellt. Er läuft dann durch das 12er-Rechteck und biegt nach rechts ab (bzw. beim anderen Spieler nach links). Außen entlang geht es dann durch den Mittelgang und danach rechts (bzw. links) durch das 6er-Feld. Die Wege für beide Spieler/innen sind auf dem Spielplan (siehe oben) durchnummeriert.

Das **Ziel** des Spiels ist, möglichst viele Steine durch das Spielfeld zu bringen, denn der Gegner kann die Steine durch Überspringen aus dem Feld schlagen:

Auf den grünen Kreisfeldern, den blauen Rauten und gelben Kreuzfeldern darf nur ein einziger Stein stehen.

Auf den roten Sternblumen dürfen eigene und fremde Steine stehen. Hier darf nicht geschlagen werden.

Die Felder a 4 bis a 7 (bzw. b 4 bis b 7) dürfen vom Gegner nicht betreten werden. Dort kann man seine Spielsteine deponieren, um auf einen günstigen Wurf mit dem Würfel zu warten.

Wenn man keinen Zug machen kann, muss man warten, bis der Weg wieder frei ist oder ein feindlicher Stein übersprungen werden kann. Der übersprungene Stein scheidet aus. Eigene Steine dürfen nicht übersprungen werden.

b) Spielregeln für zwei Spieler/innen (a und b) ohne Würfel

Die Spieler/innen setzen ihre Steine abwechselnd auf beliebige Felder. Sind alle 14 Steine gesetzt, wird geschoben – vor-, rück- und seitwärts, aber nie schräg –, immer dahin, wo gerade Platz ist. Steht ein feindlicher Stein unmittelbar vor dem eigenen, darf er übersprungen werden, wenn dahinter Platz ist. Übersprungene Steine scheiden aus.

Ziel ist es, fünf Felder der gleichen Farbe mit seinen Steinen zu besetzten. Wer das schafft, hat das Spiel gewonnen (dabei muss man natürlich versuchen, den anderen Spieler daran zu hindern, seinerseits seine Steine auf fünf gleiche Felder zu setzen).

Literaturhinweis

Frei nach: Grunfeld, Frederic V. (Hrsg.), Spiele der Welt II. Fischer Taschenbuchverlag GmbH, Frankfurt 1985.

Das Mandala-Spiel

Das Mandala-Spiel

Vorbereitung, Spielregeln, Gestaltung

ab Klasse 1

Spielmaterial

Für das Spiel: Ein leerer Spielplan „Das Mandala-Spiel“ (DIN A3), 3 verschiedene Mandalas als Preise, je eine farbige Spielfigur pro Spieler/in, mindestens 12 verschiedene Farbstifte, evtl. Merkzettel und ein Würfel.

Für die Gestaltung des Spiels: Ein Spielplan (DIN A3), mindestens 12 verschiedene Farbstifte und eine Prospekthülle (DIN A3).

Für die Malphase am Ende des Spiels: CD oder Musikkassette mit Meditationsmusik.

Vorbereitung

Vor dem Spiel wird der Spielplan wie folgt ausgemalt:

Die **Startfelder** im Außenkreis – sie sind mit einem „**S**“ gekennzeichnet – werden mit einer einzigen beliebigen Farbe ausgemalt.

Die **Felder mit dem grauen Punkt** werden mit 12 verschiedenen Farben ausgemalt. Jedes Feld mit einer anderen Farbe. Dabei ist es gleichgültig, in welcher Reihenfolge die Farben verwendet werden. Zwölf mögliche Farben, die nicht allzu ausgefallen sind, wären: Schwarz, Grau, Braun, Dunkelblau, Hellblau, Dunkelgrün, Hellgrün, Lila, Rot, Rosa, Orange und Gelb.

Spielverlauf und Spielregeln

Es können bis zu sechs Spieler/innen am Mandala-Spiel teilnehmen.

Die Spielfiguren werden auf ein beliebiges Startfeld „**S**“ gestellt. Jeder Spieler hat eine Spielfigur in einer anderen Farbe (z. B. die Männchen vom Mensch-ärgere-dich-nicht-Spiel verwenden).

Es werden **Farbstifte** in den 12 Farben der Felder mit dem grauen Punkt benötigt.

Ebenso benötigt man **vorbereitete Kopien mit** drei verschiedenen **Mandala-Motiven**:
Ein Mandala als **1. Preis**,
ein anderes Mandala als **2. Preis** und
bis zu vier Mandalas als **3. Preis**.

Gewürfelt wird reihum gegen den Uhrzeigersinn.

Man darf bei einer 6 noch einmal würfeln, muss es jedoch nicht, wenn dies günstiger erscheint.

Auf den Feldern darf jeweils nur eine einzige Spielfigur stehen. Geschlagen wird nicht.

Wenn ein Spieler so würfelt, dass er auf einem besetzten Spielfeld stehen bleibt, darf er in die entgegengesetzte Richtung ziehen; aber nur, wenn das Feld dort leer ist! Wenn die Felder in beiden Richtungen besetzt sind, muss man in dieser Runde stehen bleiben (d. h. eine Runde aussetzen).

Der Spieler, der anerkannter Weise die meiste Ruhe oder Konzentration hat, beginnt mit dem Würfeln. Wenn sich die Spieler/innen nicht einigen können, beginnt der älteste Spieler.

Gezogen wird im Uhrzeigersinn immer im Kreis. Kommt ein Spieler auf einem Feld zum Stehen, das eine Linie in den nächsten Innenkreis hat, darf er in der nächsten Runde einen Kreis weiter innen weiterlaufen.

Wenn ein Spieler auf einem der 12 Farbfelder zum Stehen kommt, muss er sich diese Farbe merken (z. B. einen Strich in der Farbe des Feldes auf einen Merkzettel ziehen).

Ziel des Spiels

Der Spieler, der als erster das Mandala in der Mitte des Spielplanes erreicht, bekommt den 1. Preis, der 2. Sieger den 2. Preis und alle weiteren Sieger den 3. Preis (jeweils ein Mandala).

Die gewonnenen Mandalas müssen in den Farben ausgemalt werden, auf die die Spieler während des Spieles jeweils gekommen sind. Ein Spieler, der während des Spieles nur drei der 12 Farbfelder betreten hat, muss also beim Ausmalen seines gewonnenen Mandalas mit nur drei Farben auskommen.

Nach dem Spiel

Nach dem Spiel werden die Mandalas ausgemalt. Dabei kann mit Hilfe von Meditationsmusik für eine ruhige und stille Atmosphäre gesorgt werden.

Das Mandala-Spiel: 1. Preis

Das Mandala-Spiel: 2. Preis

Das Mandala-Spiel: 3. Preis

Das NIKOLAUSSPIEL
Das NIKOLAUSSPIEL
N
1
2
3
4
5
6
1
2
3
4
5
6

Das Nikolausspiel

Vorbereitung, Spielregeln, Gestaltung

ab Klasse 1

Spielmaterial

Für das Spiel: Ein Spielplan „Das Nikolausspiel“ (DIN A3), 6 Spielfiguren in sechs verschiedenen Farben, 1 rote Figur (Nikolaus), 2 verschiedenfarbene Würfel, kleine Preise (Nüsse, Bonbons, Schokokugeln, Smarties ...) und evtl. Servietten oder kleine Teller für die Lebensmittel.

Für die Gestaltung des Spiels: Ein leerer Spielplan (DIN A3), Buntstifte, eine leere Prospekthülle (DIN A3).

Vorbereitung

Zunächst muss der Spielplan wie folgt ausgemalt werden:

Die Felder 1 bis 6, von denen es jeweils zwei gibt, in den Farben gelb (1), rot (2), violett (3), blau (4), grün (5) und schwarz (6). Das entspricht den Farben der Spielfiguren aus dem Mensch-ärgere-dich-nicht-Spiel. Falls man Spielfiguren in anderen Farben hat, muss dies beim Ausmalen der Zahlenfelder berücksichtigt werden. Es spielt für das Ausmalen keine Rolle, dass die inneren nummerierten Felder auch noch den Buchstaben „N“ enthalten.

Das Feld „**N**“ in der Mitte des Spielplanes wird rot ausgemalt, evtl. in einem anderen Rotton als die beiden roten Zahlenfelder.

Der übrige Spielplan kann nach Belieben gestaltet werden.

Für das Spiel wird noch **eine einzelne Figur**, der Nikolaus, benötigt. Eine solche Figur befindet sich vielleicht in einer Schachtel bei den Weihnachtsdekorationen. Ansonsten könnte man eine Figur aus Fimo formen oder einen anderen Spielstein verwenden.

Für das Spiel benötigt man **viele kleine Preise**, die die Spieler/innen im Verlauf des Spieles gewinnen können. In einer Schulklasse können die Preise von der Klassenkasse bezahlt werden, bzw. in der Unterrichtsstunde vor dem Spiel wird verabredet, dass jeder Schüler/jede Schülerin eine Kleinigkeit mitbringt. → Aus hygienischen Gründen sollte jeder Spieler eine **saubere Unterlage** für seine Preise haben und auch mit sauberen Händen spielen! Wenn das Spiel ohne Preise gespielt werden soll, dann kann man auch mit Punkten auf einem Zettel spielen oder mit Kieselsteinen.

Spielverlauf und Spielregeln

Es können bis zu 6 Spieler/innen teilnehmen.

Jeder Spieler stellt seine Figur auf das seiner Farbe entsprechende Figuren-Feld im Inneren des Sternes (das Feld mit der Zahl und dem „N“).

Die rote Nikolausfigur kommt auf das **N**-Feld in der Mitte des Spielplans.

Jeder Spieler erhält 6 Preise (Nüsse, Bonbons ...), die er aber zunächst nicht anrühren darf, da er sie im Verlauf des Spieles verlieren kann.

Neben dem Spiel gibt es noch eine „**Bank**", in der weitere Preise verwahrt werden. Ein Spieler, auf den sich die Spielgruppe einigt, wird der Verwalter der „Bank".

Der Spieler, der am nächsten zum Nikolaustag – dem 6. Dezember – Geburtstag hat, beginnt mit dem Würfeln.

Gewürfelt wird mit zwei Würfeln in verschiedenen Farben, dem **Spieler-Würfel** und dem **Nikolaus-Würfel**. Man muss sich vor dem Spiel darauf einigen, welcher Würfel der Nikolaus-Würfel und welcher der Würfel für die Spieler/innen ist. Die Punktzahl des Spieler-Würfels gilt für den jeweiligen Spieler und die des Nikolauswürfels für die Nikolausfigur.

Man würfelt reihum gegen den Uhrzeigersinn.

Gezogen wird entsprechend der Punktzahl der Würfel immer im Dreieck; also zu den Eckpunkten 1, 3 und 5 bzw. 2, 4 und 6. Die Laufrichtung ist im Uhrzeigersinn.

Kommt man auf das Ende eines Pfeils, muss man in der nächsten Runde auf das andere Dreieck überwechseln. Diese Regel gilt sowohl für die Spielfiguren als auch für die Nikolausfigur.

Die Nikolausfigur: Beim ersten Würfeln entscheidet es sich, von wo aus die Nikolausfigur startet. Je nachdem, welche Zahl der Nikolaus-Würfel anzeigt, wird die Nikolausfigur auf das „**N**" mit der entsprechenden Zahl gestellt (Beispiel: Bei einer 1 auf das N-Feld des Spielers 1). Der Spieler, vor dessen Startfeld der Nikolaus steht, bekommt einen Preis aus der Bank. Von seinem Startfeld aus zieht der Nikolaus entsprechend der Punktzahl auf dem Nikolauswürfel weiter. Die Nikolausfigur muss ebenfalls im Dreieck laufen, darf aber jederzeit die Richtung wechseln, sodass sie leichter von einem Dreieck auf das nächste wechseln kann. Kommt die Nikolausfigur auf einem farbigen Feld der Spieler zum Stehen, erhält dieser einen Preis auf der Bank.

Die Spielfiguren: Die Spielfiguren werden entsprechend der Zahl des Spieler-Würfels gezogen. Kommt eine Spielfigur auf das Farbfeld eines anderen Spielers, so muss man diesem einen Preis aus dem eigenen Vorrat geben. Landet man auf dem Farbfeld seiner eigenen Farbe, passiert nichts.

Bei einem **Pasch** (beide Würfel mit der gleichen Zahl), darf man eine beliebige Spielfigur (eines Mitspielers oder auch die eigene) in eine beliebige Richtung entsprechend der Würfelzahl bewegen, sodass die Möglichkeit gegeben ist, dass die fremde entweder auf das Farbfeld des Spielers gelangt (und diesem einen Preis aus dem eigenen Vorrat geben muss!) oder auf das Dreieck, in dem sich die eigene Farbe des Spielers befindet und sich die Chancen erhöhen, dass jemand auf diesem zum Stehen kommt. Für die Nikolausfigur ändert sich bei einem Pasch nichts. Nach einem Pasch wird nicht noch einmal gewürfelt.

Ziel des Spiels

Das Spiel endet, wenn eine bestimmte Zeitspanne (Unterrichtsstunde) vorbei ist. Gewonnen hat der Spieler mit den meisten Preisen (oder Punkten oder Kieselsteinen). Die Preise dürfen behalten werden. Eine andere Möglichkeit, das Spiel zu beenden ist, wenn es einem Spieler gelingt, zu seinem Ausgangspunkt zurückzukommen.

Das Spiel ______________________

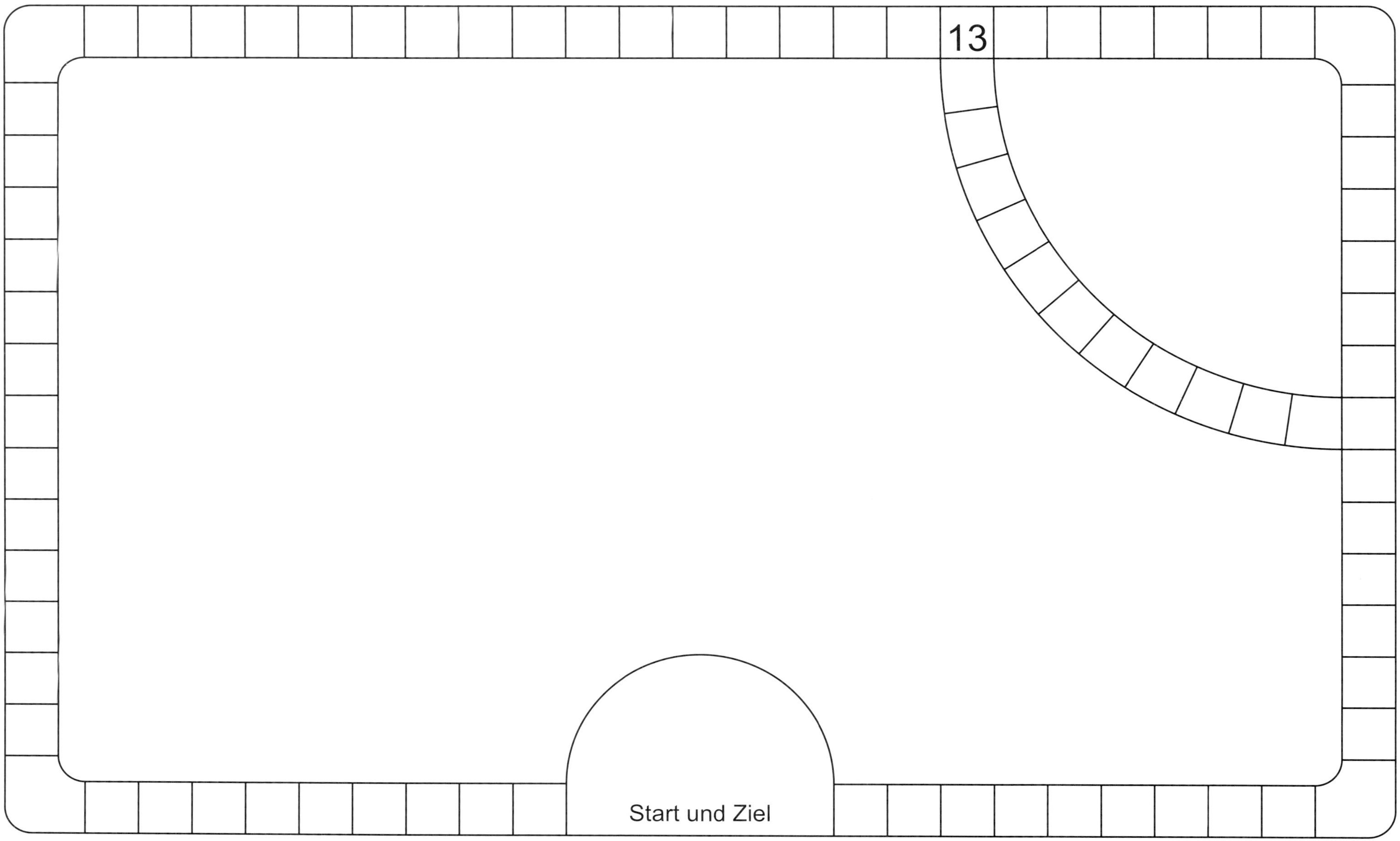

Das Spiel

Einleitung

ab Klasse 1

Bei den folgenden Spielen genügt ein einziger Spielplan, um viele abwechslungsreiche Spiele für den Religionsunterricht oder die pastorale Jugendarbeit zur Verfügung zu haben. Es ist leicht möglich, sich mit Hilfe der Blanko-Vorlagen (Spielplan + eine leere Spielanleitung) eigene Spiele zu beliebigen Themen zu erstellen. Dies kann auch im Unterricht selbst durch die Schüler/innen geschehen.

Das Spiel „Das Spiel" ist ein Kreisspiel, d. h. es orientiert sich an einer (fiktiven oder vorhandenen) Geschichte, bei der Anfang und Ende ein einziger Ort sind.

Auf den folgenden Seiten finden sich fünf Kreisspiele zu verschiedenen Themen, z. B. zum Gleichnis vom verlorenen Schaf oder zu Sankt Martin.

Hier einige Vorschläge für weitere Kreisspiele zum Spielplan „Das Spiel":

- Das Spiel rund um die Erde (Kinder der Erde)
- Das Spiel vom 12-jährigen Jesus
- Das Spiel vom Jahreskreis
- Das Spiel vom Osterfestkreis
- Das Spiel vom Rad des Lebens (Buddhismus, Kreislauf von Geburt und Wiedergeburt)
- Das Spiel vom Volk Israel (Babylonische Gefangenschaft und Heimkehr)
- Das Spiel vom Weihnachtsfestkreis
- Das Spiel von den Papstreisen
- Das Spiel von der Fronleichnamsprozession
- Das Spiel von der Wallfahrt nach Mekka (nach Lourdes, zum Ganges ...)
- Das Spiel von der Weltmission
- Das Spiel von Umkehr und Versöhnung
- Das Spiel zum Gleichnis vom anvertrauten Geld
- Das Spiel zum Gleichnis vom klugen Verwalter
- Das Spiel zum Gleichnis vom Schatz im Acker

Das Spiel – Blankovorlage für die Ereignisfelder

Das Spiel ______________________ *Spielanleitung für die Ereignisfelder*		**ab Klasse**
1 →		
2 →		
3 →		
4 →		
5 →		
6 →		
7 →		
8 →		
9 →		
10 →		
11 →		
12 →		
13 →		
14 →		
15 →		
16 →		
17 →		
18 →		

Das Spiel von Jakob und Esau

Vorbereitung, Spielregeln, Gestaltung

ab Klasse 3

Spielmaterial

Für das Spiel: 1 leerer Spielplan „Das Spiel" (DIN A3), 1 Würfel und je eine Spielfigur pro Spieler/in.

Für die Gestaltung des Spiels: 1 leerer Spielplan (DIN A3), farbige Stifte.

Vorbereitung

Zunächst müssen die **18 Ereignisfelder** von den Spieler/innen beliebig auf dem Spielbogen verteilt werden, indem sie die Ziffern 1 bis 18 im Uhrzeigersinn nacheinander in die einzelnen Felder eintragen. Das **Feld 13** ist schon vorgegeben, da man dort einen Umweg laufen muss. Das **Startfeld** ist zugleich auch das **Zielfeld** und wird bei diesem Spiel **Isaaks Zelt** genannt.

Spielverlauf

Es sollten nicht mehr als 6 Spieler/innen miteinander spielen, da es sonst zu lange dauert, bis jeder dran kommt. Ein Kind bekommt die Spielanleitung für die Ereignisfelder und liest jeweils vor, was gemacht werden muss, wenn ein Spieler ein Ereignisfeld erreicht.

Alle Spieler/innen stellen ihre Figuren in Isaaks Zelt (= das Start- und Zielfeld). Von dort aus geht es im Uhrzeigersinn weiter, bis man wieder in Isaaks Zelt angekommen ist.

Der Spieler, der am ältesten ist, fängt – wegen des Erstgeburtsrechts! – mit dem Würfeln an.

Es wird reihum im Uhrzeigersinn gewürfelt. Bei einer 6 darf man nicht noch einmal würfeln.

Wenn zwei oder mehrere Figuren auf einem Feld landen, dann bleiben sie zusammen dort stehen. Geschlagen wird nicht.

Falls die Spieler/innen die Ziffern zufällig so verteilt haben, dass man von einem Ereignisfeld auf das nächste geschickt wird, so hat das neue Feld für den Spieler keine Bedeutung. Das gleiche gilt, wenn die Mitspieler durch einen anderen Spieler bewegt werden und dadurch auf ein Ereignisfeld gelangen.

Ziel des Spiels

Der Spieler, der als Erstes Isaaks Zelt (= das Start- und Zielfeld) erreicht, ist Gewinner des Spiels. Das Ziel muss mit einer genau passenden Zahl erreicht werden.

Gestaltung des Spielplans

Am Ende des Spiels haben die Spieler/innen noch die Möglichkeit, passende Bilder auf den Spielplan zu malen. Wenn der Spielplan fertig ist, kann er auf eine DIN A3-Pappe geklebt und mit transparenter Klebefolie haltbar gemacht werden, bzw. in eine DIN A3-Prospekthülle geschoben werden.

Das Spiel von Jakob und Esau

ab Klasse 3

Spielanleitung für die Ereignisfelder

1. Isaak und Rebekka sind schon alt und warten auf einen Sohn.
   → **1 Runde aussetzen und einmal tieftraurig aufseufzen.**
2. Gott verspricht Isaak und Rebekka zwei Söhne.
   → **2 Freudensprünge machen und noch einmal würfeln.**
3. Die Zwillinge Jakob und Esau sind geboren. Esau hat eine kräftige Stimme.
   → **Einmal ganz laut brüllen und 2 Runden aussetzen, weil der Lärm die Nachbarn stört.**
4. Isaak und Rebekka können sich nicht einigen, welches Kind sie lieber haben.
   → **Gehe zurück zu Feld 1.**
5. Esau ist ein starker Jäger geworden.
   → **Nenne drei Tierarten, die er in den Wäldern jagen kann. Dann 3 Felder vor.**
6. Jakob ist ein Hirte geworden und hat von seiner Mutter kochen gelernt.
   → **Nenne drei Zutaten für eine leckere Gemüsesuppe. Dann 3 Felder vor.**
7. Jakob, der Schlaumeier, hat Esau das Erstgeburtsrecht abgeluchst.
   → **5 Felder vor und sich die Hände reiben.**
8. Esau, der nicht gemerkt hat, dass er überlistet wurde, muss noch warten, bis bei ihm der Groschen fällt.
   → **Warten, bis der nächste Spieler dich überholt hat.**
9. Jakob verkleidet sich in ein Schaffell, um seinen Vater Isaak zu überlisten.
   → **Dreimal „Mäh!“ machen und drei Felder zurück.**
10. Rebekka hilft Jakob bei seinem Betrug.
    → **Zweimal würfeln und die gewürfelte Zahl zurück gehen.**
11. Isaak gibt Jakob seinen Segen, ohne Jakob zu erkennen.
    → **Wenn du eine Sache weißt, die Isaak seinem Sohn gewünscht hat, kannst du noch einmal würfeln.**
12. Esau kommt ahnungslos nach Hause und möchte von seinem Vater gesegnet werden. Doch es ist zu spät.
    → **Einmal wütend mit dem Fuß aufstampfen und schnell zweimal würfeln, um die Wut abzureagieren.**
13. Esau und Jakob sind Feinde geworden. Jakob muss schnell fliehen, um Esau zu entkommen.
    → **Gehe in der nächsten Runde über die Abkürzung.**
14. Jakob träumt von Gott. Er bereut seine Schuld und will alles wieder gut machen.
    → **Gehe vor zu Feld 18.**
15. Jakob baut einen Altar für Gott.
    → **Spreche ein Gebet, das du kennst und lasse alle Spieler/innen, die hinter dir sind, drei Felder vor.**
16. Es passieren viele Dinge und es dauert lange, bis Jakob nach Hause gehen kann.
    → **Zwei Runden aussetzen.**
17. Endlich daheim! Jakob und Esau haben sich versöhnt und überraschen Isaak mit der freudigen Nachricht.
    → **Hole 2 Spieler/innen auf dein Feld, die du nett findest.**
18. Erschüttert erfährt Jakob, dass seine Mutter inzwischen gestorben ist.
    → **Alle Spieler/innen hinter dir gehen 2 Felder zurück, damit du ein wenig Zeit für dich allein hast.**

Das Spiel vom barmherzigen Vater

Vorbereitung, Spielregeln, Gestaltung

ab Klasse 2

Spielmaterial

Für das Spiel: 1 leerer Spielplan „Das Spiel“ (DIN A3), 1 Würfel und je eine Spielfigur pro Spieler/in.

Für die Gestaltung des Spiels: 1 leerer Spielplan (DIN A3), farbige Stifte.

Vorbereitung

Zunächst müssen die **18 Ereignisfelder** von den Spieler/innen beliebig auf dem Spielbogen verteilt werden, indem sie die Ziffern 1 bis 18 im Uhrzeigersinn nacheinander in die einzelnen Felder eintragen. Ausnahme ist das **Feld 13**, das schon fest belegt ist, da hier ein Umweg gelaufen werden muss. Das **Startfeld** ist zugleich auch das **Zielfeld** und wird bei diesem Spiel **das Bauernhaus** genannt.

Spielverlauf

Es sollten nicht mehr als 6 Spieler/innen miteinander spielen, da es sonst zu lange dauert, bis jeder dran kommt.

Alle Spieler/innen stellen ihre Figuren in das Bauernhaus (= das Start- und Zielfeld). Von dort aus geht es nach links im Uhrzeigersinn weiter, bis man wieder im Bauernhaus angekommen ist.

Der Spieler, der am besten mit Pflanzen und Tieren umgehen kann, fängt mit dem Würfeln an (bei Uneinigkeit fängt der Spieler an, der den ältesten Bruder hat).

Es wird reihum im Uhrzeigersinn gewürfelt. Bei einer 6 darf man nicht noch einmal würfeln.

Wenn zwei oder mehrere Figuren auf einem Feld landen, dann bleiben sie zusammen dort stehen. Geschlagen wird nicht.

Falls die Spieler/innen die Ziffern zufällig so verteilt haben, dass man von einem Ereignisfeld auf das nächste geschickt wird, so hat das neue Feld für den Spieler keine Bedeutung. Das gleiche gilt, wenn die Mitspieler/innen durch einen anderen Spieler bewegt werden und dadurch auf ein Ereignisfeld gelangen.

Ziel des Spiels

Der Spieler, der als Erster das Bauernhaus (= das Start- und Zielfeld) erreicht, ist Gewinner des Spiels.

Gestaltung des Spielplans

Am Ende des Spiels haben die Spieler/innen noch die Möglichkeit, passende Bilder auf den Spielplan zu malen. Wenn der Spielplan fertig ist, kann er auf eine DIN A3-Pappe geklebt und mit transparenter Klebefolie haltbar gemacht werden.

Das Spiel vom barmherzigen Vater

Spielanleitung für die Ereignisfelder

ab Klasse 2

1. Jesus erzählt ein Gleichnis. Die Menschen versammeln sich um ihn.
   → **Hole zwei Spieler/innen deiner Wahl auf dein Feld.**
2. Der Vater ist stolz auf seine beiden Söhne, macht sich aber Sorgen um den jüngeren von ihnen.
   → **Setze eine Runde mit dem Würfeln aus.**
3. Der jüngere Sohn verlangt von seinem Vater das Erbe ausbezahlt. Der Vater ist einverstanden und geht mit seinem Sohn ins Bauernhaus, um das Geld auszuzahlen.
   → **Gehe mit einem Spieler deiner Wahl zurück zum Start.**
4. Frohgemut und mit Taschen voller Geld macht sich der jüngere Sohn auf in die weite Welt.
   → **Noch zweimal würfeln.**
5. Der jüngere Sohn sieht vor sich eine Stadt. Er ist schon sehr neugierig und gespannt, was ihn dort erwartet.
   → **Gehe 5 Felder vor.**
6. Der jüngere Sohn hört sich nach Arbeit um, lehnt aber alle Angebote ab.
   → **Gehe 5 Felder zurück.**
7. Der jüngere Sohn hat sich ein Zimmer in der teuersten Herberge der Stadt gemietet und freut sich des Lebens.
   → **Noch einmal würfeln.**
8. Der jüngere Sohn treibt sich in der Stadt herum und gelangt ins verrufene Stadtviertel. Dort gefällt es ihm.
   → **Setze eine Runde mit dem Würfeln aus.**
9. In einer Spelunke gibt der jüngere Sohn eine Lage nach der anderen aus. Viele junge Männer und einige Frauen nennen ihn ihren Freund.
   → **Hole die blaue und die rote Spielfigur auf dein Feld.**
10. Der jüngere Sohn hat Schwierigkeiten seine Rechnungen zu bezahlen. Da verlassen ihn seine Freunde.
   → **Alle Spieler/innen, die vor dir stehen, gehen 4 Felder vor. Du musst stehen bleiben.**
11. Zuhause hat der ältere Bruder inzwischen die volle Verantwortung für den Hof übernommen. Unter seiner Leitung läuft alles bestens.
   → **Gehe 7 Felder vor.**
12. Der jüngere Sohn hat sein ganzes Geld ausgegeben. Alle seine Freunde haben ihn deshalb verlassen.
   → **Alle Spieler/innen weichen vor dem Spieler auf Feld Nr. 12 zurück, indem sie entweder 3 Schritte zurück oder 3 Schritte vor ziehen. Der Spieler auf Feld Nr. 12 bleibt stehen.**
13. Der jüngere Sohn braucht dringend Geld, wenn er nicht verhungern will. Er geht von Haus zu Haus und bittet um Arbeit.
   → **Würfle einmal. Bei einer 1, 2 oder 3 kannst du über die Abkürzung gehen, bei einer 4, 5 oder 6 musst du den längeren Weg nehmen.**
14. Der jüngere Sohn wird als Schweinehirt eingestellt. Er schöpft neuen Mut.
   → **Gehe 3 Felder vor.**
15. Der jüngere Sohn darf nicht einmal vom Schweinefutter essen. Er wird vor Hunger immer schwächer.
   → **Setze 2 Runden mit dem Würfeln aus.**
16. Der jüngere Sohn hat sich entschlossen, nach Hause zurückzukehren und seinen Vater um Vergebnung zu bitten.
   → **Noch einmal würfeln.**
17. Der Vater sieht seinen jüngeren Sohn von weitem. Er freut sich und läuft ins Haus, um ein großes Fest vorzubereiten.
   → **Gehe direkt ins Ziel.**
18. Der älterer Bruder des heimgegehrten Sohnes ärgert sich, weil man ihn übergangen hat. Schmollend zieht er sich zurück.
   → **Gehe zurück auf Feld Nr. 11.**

Das Spiel vom verlorenen Schaf

Vorbereitung, Spielregeln, Gestaltung

ab Klasse 1

Spielmaterial

Für das Spiel: 1 leerer Spielplan „Das Spiel" (DIN A3), 1 Würfel und je eine Spielfigur pro Spieler/in.

Für die Gestaltung des Spiels: 1 leerer Spielplan (DIN A3), farbige Stifte.

Vorbereitung

Zunächst müssen die **18 Ereignisfelder** von den Spieler/innen beliebig auf dem Spielbogen verteilt werden, indem sie die Ziffern 1 bis 18 im Uhrzeigersinn nacheinander in die einzelnen Felder eintragen. Ausnahme ist das **Feld 13**, das schon fest belegt ist, da hier ein Umweg gelaufen werden muss. Das **Startfeld** ist zugleich auch das **Zielfeld** und wird bei diesem Spiel **der Stall** genannt.

Spielverlauf

Es sollten nicht mehr als 6 Spieler/innen miteinander spielen, da es sonst zu lange dauert, bis jeder dran kommt. Wenn nur Erstklässler spielen, dann muss ein Erwachsener (Lehrer) vorlesen, was auf den Ereignisfeldern passiert.

Alle Spieler/innen stellen ihre Figuren in den Stall (= das Start- und Zielfeld). Von dort aus geht es nach links im Uhrzeigersinn weiter, bis man wieder im Stall angekommen ist.

Der Spieler, der am niedlichsten wie ein kleines Schaf blökt, fängt mit dem Würfeln an (bei Uneinigkeit fängt das kleinste Kind an).

Es wird reihum im Uhrzeigersinn gewürfelt. Bei einer 6 darf man nicht noch einmal würfeln.

Wenn zwei oder mehrere Figuren auf einem Feld landen, dann bleiben sie zusammen dort stehen. Geschlagen wird nicht.

Falls die Spieler/innen die Ziffern zufällig so verteilt haben, dass man von einem Ereignisfeld auf das nächste geschickt wird, so hat das neue Feld für den Spieler keine Bedeutung. Das gleiche gilt, wenn die Mitspieler/innen durch einen anderen Spieler bewegt werden und dadurch auf ein Ereignisfeld gelangen.

Ziel des Spiels

Die ersten beiden Spieler/innen, die als erstes den Stall (= das Start- und Zielfeld) erreichen, sind die Gewinner des Spiels.

Gestaltung des Spielplans

Am Ende des Spiels haben die Spieler/innen noch die Möglichkeit, passende Bilder auf den Spielplan zu malen. Wenn der Spielplan fertig ist, kann er auf eine DIN A3-Pappe geklebt und mit transparenter Klebefolie haltbar gemacht werden.

Das Spiel vom verlorenen Schaf

Spielanleitung für die Ereignisfelder

ab Klasse 1

1. Der Schafhirte zählt seine Schafe. Es sind nur 99.
→ **1 Runde aussetzen und leise bis 99 zählen.**
2. Noch frohen Mutes zieht der Schafhirt aus, um sein kleines Schaf zu finden.
→ **2 mal würfeln und die größere Zahl gehen.**
3. Der Schafhirt hat seine Steinschleuder verloren und geht zurück, um sie zu suchen.
→ **Zurück auf Feld 1.**
4. Der Schafhirt glaubt, er hätte das kleine Schaf gesehen und rennt zu der Stelle hin.
→ **5 Felder vor.**
5. Der Schafhirt klettert auf einen Baum, um eine bessere Aussicht zu haben.
→ **Auf einen Stuhl stellen, Ausschau halten und dann zweimal würfeln.**
6. Das kleine Schaf hat Angst.
→ **Zum Trost 3 Felder vor und dreimal leise und ängstlich blöken.**
7. Der Schafhirt hat mit seiner Steinschleuder einen Wolf vertreiben können.
→ **Alle Mitspieler/innen müssen 2 Felder zurück. Du bleibst stehen.**
8. Das kleine Schaf hat Wasser gefunden.
→ **Einmal gierig schlürfen und dann 2 Felder vor.**
9. Das kleine Schaf konnte einem Panter entkommen.
→ **Gehe auf das Feld vor dem vordersten Spieler.**
10. Der Schafhirt hat schon fast die Hoffnung verloren, das kleine Schaf wiederzufinden.
→ **2 Runden aussetzen.**
11. Das kleine Schaf hat eine Schlange entdeckt. Es weicht verschreckt zurück.
→ **Einmal würfeln und die gewürfelte Zahl zurück gehen.**
12. Der Schafhirt muss eine Pause machen.
→ **1 Runde aussetzen.**
13. Das kleine Schaf hat einen Löwen entdeckt, der sich hinter einem Busch versteckt hat.
→ **In der nächsten Runde rechts an ihm vorbei ziehen.**
14. Das kleine Schaf verstrickt sich in einem Dornbusch.
→ **Solange stehen bleiben, bis der nächste Spieler dich überholt hat.**
15. Der Schafhirt hat das kleine Schaf in einem Dornbusch entdeckt. Er rennt hin, um es zu befreien.
→ **Noch einmal würfeln.**
16. Der Schafhirt hat Mühe, das kleine Schaf aus den Dornen zu befreien.
→ **Eine Runde aussetzen.**
17. Der Stall ist in Sicht und der Schafthirt und sein kleines Schaf freuen sich.
→ **Suche dir einen Mitspieler aus, der mit dir den Stall erreichen soll. Dieser Spieler stellt seine Figur mit auf das Feld 17.**
18. Der Schafhirt ist glücklich und will mit seinen Freunden ein Fest feiern.
→ **Alle Mitspieler/innen dürfen zwei Felder vor, wenn sie hinter dir stehen und müssen zwei Felder zurück, wenn sie vor dir stehen.**

Das Spiel vom Kirchgang

Vorbereitung, Spielregeln, Gestaltung

ab Klasse 2

Spielmaterial

Für das Spiel: 1 leerer Spielplan „Das Spiel“ (DIN A3), 1 Würfel und je eine Spielfigur pro Spieler/in.

Für die Gestaltung des Spiels: 1 leerer Spielplan (DIN A3), farbige Stifte.

Vorbereitung

Zunächst müssen die **18 Ereignisfelder** von den Spieler/innen beliebig auf dem Spielbogen verteilt werden, indem sie die Ziffern 1 bis 18 im Uhrzeigersinn nacheinander in die einzelnen Felder eintragen. Ausnahme ist das **Feld 13**, das schon fest belegt ist, da hier ein Umweg gelaufen werden muss. Das **Startfeld** ist zugleich auch das **Zielfeld** und wird bei diesem Spiel **das Wohnzimmer** genannt.

Spielverlauf

Es sollten nicht mehr als 6 Spieler/innen miteinander spielen, da es sonst zu lange dauert, bis jeder dran kommt.

Alle Spieler/innen stellen ihre Figuren in das Wohnzimmer (= das Start- und Zielfeld). Von dort aus geht es nach links im Uhrzeigersinn weiter, bis man wieder im Wohnzimmer angekommen ist.

Der Spieler, der am besten das Vaterunser aufsagen kann, fängt mit dem Würfeln an (bei Uneinigkeit fängt der Spieler an, der zuletzt an einem Sonntag Geburtstag hatte).

Es wird reihum im Uhrzeigersinn gewürfelt. Bei einer 6 darf man nicht noch einmal würfeln.

Wenn zwei oder mehrere Figuren auf einem Feld landen, dann bleiben sie zusammen dort stehen. Geschlagen wird nicht.

Falls die Spieler/innen die Ziffern zufällig so verteilt haben, dass man von einem Ereignisfeld auf das nächste geschickt wird, so hat das neue Feld für den Spieler keine Bedeutung. Das gleiche gilt, wenn die Mitspieler/innen durch einen anderen Spieler bewegt werden und dadurch auf ein Ereignisfeld gelangen.

Ziel des Spiels

Der Spieler, der als Erster das Wohnzimmer (= das Start- und Zielfeld) erreicht, ist Gewinner des Spiels.

Gestaltung des Spielplans

Am Ende des Spiels haben die Spieler/innen noch die Möglichkeit, passende Bilder auf den Spielplan zu malen. Wenn der Spielplan fertig ist, kann er auf eine DIN A3-Pappe geklebt und mit transparenter Klebefolie haltbar gemacht werden.

Das Spiel vom Kirchgang

Spielanleitung für die Ereignisfelder

ab Klasse 2

1. Es ist Sonntag und du bist freiwillig aufgestanden, um zur Kirche zu gehen.
   → **Noch einmal würfeln.**
2. Du hast noch etwas Zeit, bevor der Gottesdienst beginnt und bummelst durch den Park.
   → **Eine Runde aussetzen.**
3. Unterweg merkst du, dass du dein Gesangbuch und das Klingelgeld auf dem Wohnzimmertisch liegen gelassen hast.
   → **Gehe zurück zum Start.**
4. Die Glocken läuten und du musst dich beeilen, um rechtzeitig zum Gottesdienst zu kommen.
   → **Gehe 5 Felder vor.**
5. Du erreichst rechtzeitig die Kirche.
   → **Mache ein Kreuzzeichen und gehe 1 Feld vor.**
6. Das erste Lied wird auf der Orgel angespielt.
   → **Wenn du eine Strophe eines Kirchenliedes vorsingen kannst, darfst du 3 Felder vor, wenn nicht, musst du 3 Felder zurück.**
7. Nach dem Schuldbekenntsnis kommt das Gloria, bei dem Gott gelobt wird.
   → **Nenne ein Beispiel, für das man Gott loben kann.**
8. Bei der Lesung hörst du aufmerksam zu.
   → **Gehe 2 Felder vor.**
9. Bei der Predigt ist dir furchtbar langweilig und du gähnst fortwährend.
   → **Einmal herzhaft gähnen und eine Runde aussetzen wegen des unmöglichen Benehmens.**
10. Plötzlich schreckst du auf, weil alle aufstehen, um das Vaterunser zu beten.
    → **Wenn du das Vaterunser auswendig weißt, gehe auf Feld Nr. 14 vor. Wenn du es ein bisschen kennst, gehe auf Feld Nr. 12 und wenn du es gar nicht kennst, dann setze eine Runde mit dem Würfeln aus.**
11. Du liest eine Fürbitte vor, ohne dich zu verhaspeln.
    → **Gehe 2 Felder vor.**
12. Bei der Gabenbereitung spendest du von deinem eigenen Taschengeld in den Klingelbeutel.
    → **Noch einmal würfeln.**
13. Bei der Kommunionausteilung stehen die Leute dicht gedrängt und du suchst einen Weg, um zum Pfarrer zu gelangen.
    → **Würfle einmal. Bei einer 1, 2 oder 3 kannst du den kürzeren Weg, bei einer 4, 5 oder 6 musst du den längeren Weg weitergehen.**
14. Du fühlst dich gut, weil du vom Pfarrer mit einem Kreuzzeichen gesegnet worden bist.
    → **Noch einmal würfeln.**
15. Du bist nervös, weil der Pfarrer den Segen so lange herauszögert und sagst nach dem Segen: „Gott sei Dank!“ statt „Dank sei Gott.“
    → **Gehe zurück zum Feld 7.**
16. Der Gottesdienst ist aus und die Leute verlassen die Kirche.
    → **Mache eine Kniebeuge mit Kreuzzeichen, dann darfst du noch einmal würfeln.**
17. Du hast es eilig, nach Hause zu kommen, weil du eine Kindersendung sehen willst, die gleich anfängt.
    → **Gehe 3 Felder vor.**
18. Deine Mutter ist sauer, weil du mit den schmutzigen Straßenschuhen auf dem Sofa liegst und das Kinderprogramm anschaust.
    → **Setze 2 Runden aus.**

Das Spiel vom Martinsumzug

Vorbereitung, Spielregeln, Gestaltung

ab Klasse 1

Spielmaterial

Für das Spiel: 1 leerer Spielplan „Das Spiel" (DIN A3), 1 Würfel und je eine Spielfigur pro Spieler/in.

Für die Gestaltung des Spiels: 1 leerer Spielplan (DIN A3), farbige Stifte.

Vorbereitung

Zunächst müssen die **18 Ereignisfelder** von den Spieler/innen beliebig auf dem Spielbogen verteilt werden, indem sie die Ziffern 1 bis 18 im Uhrzeigersinn nacheinander in die einzelnen Felder eintragen. Ausnahme ist das **Feld 13**, das schon fest belegt ist, da hier ein Umweg gelaufen werden muss. Das **Startfeld** ist zugleich auch das **Zielfeld** und wird bei diesem Spiel **das Kinderzimmer** genannt.

Spielverlauf

Es sollten nicht mehr als 6 Spieler/innen miteinander spielen, da es sonst zu lange dauert, bis jeder dran kommt. Wenn nur Erstklässler/innen spielen, dann muss ein Erwachsener (Lehrer/in) vorlesen, was auf den Ereignisfeldern passiert.

Alle Spieler/innen stellen ihre Figuren in das Kinderzimmer (= das Start- und Zielfeld). Von dort aus geht es nach links im Uhrzeigersinn weiter, bis man wieder im Kinderzimmer angekommen ist.

Der Spieler, der am nächsten zum 11. November Geburtstag hat, fängt mit dem Würfeln an.

Es wird reihum im Uhrzeigersinn gewürfelt. Bei einer 6 darf man nicht noch einmal würfeln.

Wenn zwei oder mehrere Figuren auf einem Feld landen, dann bleiben sie zusammen dort stehen. Geschlagen wird nicht.

Falls die Spieler/innen die Ziffern zufällig so verteilt haben, dass man von einem Ereignisfeld auf das nächste geschickt wird, so hat das neue Feld für den Spieler keine Bedeutung. Das gleiche gilt, wenn die Mitspieler/innen durch einen anderen Spieler bewegt werden und dadurch auf ein Ereignisfeld gelangen.

Ziel des Spiels

Der Spieler, der als erster das Kinderzimmer (= das Start- und Zielfeld) erreicht, ist Gewinner des Spiels.

Gestaltung des Spielplans

Am Ende des Spiels haben die Spieler/innen noch die Möglichkeit, passende Bilder auf den Spielplan zu malen. Wenn der Spielplan fertig ist, kann er auf eine DIN A3-Pappe geklebt und mit transparenter Klebefolie haltbar gemacht werden.

Das Spiel vom Martinsumzug

Spielanleitung für die Ereignisfelder

ab Klasse 1

1. Deine Martinslaterne ist gerade rechtzeitig fertig geworden und sieht sehr schön aus. Nun musst du dich aber beeilen, denn deine Mutter hat schon gerufen.
   → **Noch einmal würfeln.**
2. Du freust dich auf heute Abend, weil du zum Laternenumzug gehen darfst.
   → **Singe die erste Strophe von „Ich geh mit meiner Laterne“, dann gehe zwei Felder vor.**
3. Du hast deinen Schal auf dem Garderobenschrank liegen lassen und musst noch einmal nach Hause gehen.
   → **Gehe zurück zum Start.**
4. Deine Kerze in der Laterne ist ausgegangen. Deine Mutter zündet sie dir wieder an.
   → **Eine Runde aussetzen.**
5. Vor dem Gemeindezentrum stehen schon viele Kinder mit ihren Laternen. Auch zwei Freunde von dir sind da.
   → **Hole die Spielfiguren von zwei Spieler/innen deiner Wahl auf dein Feld.**
6. In diesem Jahr ist ein echter Reiter dabei, der wie Sankt Martin mit Mantel und Schwert ausgerüstet ist.
   → **Vor Staunen die Luft anhalten und bis 10 zählen.**
7. Endlich geht es los mit dem Laternenumzug.
   → **Alle Spieler/innen gehen 1 Feld vor.**
8. Ein Lichtermeer zieht durch die Straßen der Gemeinde. Das sieht so schön aus, dass du eine Gänsehaut bekommst.
   → **Nenne etwas, was im Herzen „Licht“ machen kann und gehe 5 Felder vor.**
9. Bei einem Halt vor dem Seniorenheim wird die Martinslegende nachgespielt.
   → **Wenn du etwas aus dem Leben von Martin weißt, darfst du noch einmal würfeln. Wenn nicht, so setze 2 Runden aus.**
10. Zufällig siehst du deinen Religionslehrer/deine Religionslehrerin in der Menschenmenge. Du gehst zu ihm/ihr.
   → **Gehe auf das Feld des ältesten Mitspielers (oder: wenn der Religionslehrer/die Religionslehrerin mitspielt, dann gehe auf sein/ihr Feld).**
11. Jemand erzählt durch einen Lautsprecher, dass Martin ein Vorbild für das Teilen und Helfen war.
   → **Helfe dem letzen Mitspieler und tausche deinen Platz mit ihm. Weil das so vorbildlich ist, darfst du noch einmal würfeln.**
12. Der Laternenumzug gerät bei einer Kreuzung ins stocken. Die Polizei ist da und regelt den Verkehr. Das findest du sehr interessant.
   → **Eine Runde aussetzen.**
13. Ein großes Lagerfeuer wurde im Garten der Pfarrgemeinde entzündet. Traust du dich näher heran?
   → **Einmal würfeln: Bei einer 1, 2 oder 3 traust du dich und darfst die kürzere Strecke gehen. Bei einer 4, 5 oder 6 hast du doch etwas Angst und gehst lieber den Umweg.**
14. Einige Frauen verteilen Martinsbrezeln an die Kinder. Du lässt großzügig einen kleinen Jungen vor.
   → **Gehe 5 Felder vor.**
15. Du bist zu weit vorgelaufen.
   → **Bleibe stehen, bis dich der nächste Spieler eingeholt hat.**
16. Alle singen das berühmte Martinslied: „Sankt Martin, Sankt Martin“.
   → **Summe das Martinslied vor, dann darfst du noch einmal würfeln.**
17. Das Fest ist aus und du bist müde vom vielen Laufen.
   → **Eine Runde aussetzen.**
18. Endlich zu Hause und nichts wie raus aus den Winterklamotten. Unachtsam wirfst du deine Jacke auf die Laterne.
   → **Gehe zurück zum Feld Nr. 14.**

Das Spiel von der Nächstenliebe

Das Spiel von der Nächstenliebe

Vorbereitung, Spielregeln, Gestaltung

ab Klasse 3

Spielmaterial

Für das Spiel: 1 leerer Spielplan „Das Spiel von der Nächstenliebe" (DIN A3), 1 Würfel, eine Spielanleitung für die Ereignisfelder und je 2 bzw. 4 verschiedenfarbige Spielfiguren pro Spieler/in.

Für die Gestaltung des Spiels: 1 leerer Spielplan (DIN A3), farbige Stifte und eine Prospekthülle (DIN A3).

Vorbereitung

Der Spielplan wird auf DIN A3 vergrößert.

Die **Felder a bis f** müssen ausgemalt werden, am besten mit den Farben gelb (a), rot (b), violett (c), blau (d), grün (e) und schwarz (f), damit man die Figuren vom Mensch-ärgere-dich-nicht-Spiel verwenden kann.

Der restliche Spielplan kann je nach Geschmack gestaltet werden.

Der fertige Spielplan kann in eine DIN A3-Prospekthülle geschoben oder auf einen farbigen Karton geklebt und laminiert werden.

Spielverlauf

Es können bis zu 6 Spieler/innen bei einem Spiel mitmachen. Für ein kurzes Spiel benötigen die Spieler/innen je 2 Figuren, für ein länger andauerndes Spiel 4 Figuren. Jeder Spieler wählt sich eine Farbe.

Alle Spieler/innen stellen ihre Figuren auf die entsprechenden Farben der Felder a bis f. Wenn jeder Spieler mit 2 Figuren spielt, werden nur die untersten Felder a bis f besetzt, die Reihe darüber bleibt leer.

Die Spielanleitung für die Ereignisfelder wird neben den Plan gelegt.

Der Spieler, von dem heute schon etwas sehr Liebes gesagt werden kann, fängt an. Bei Uneinigkeit fängt der Spieler an, der auf ein Kommando hin als schnellster das Wort „Nächstenliebe" ruft.

Es wird reihum im Uhrzeigersinn gewürfelt. Bei einer 6 darf man nicht noch einmal würfeln.

Es wird nicht geschlagen.

Es darf immer nur ein Spieler auf einem Feld stehen.

Man darf nicht überspringen! D. h. wenn ein Spieler z. B. eine 6 gewürfelt hat, ihm jedoch ein Spieler im Weg steht, dann muss er entweder mit einer seiner anderen Figuren ziehen oder aber stehen bleiben.

Jeder Spieler kann selbst entscheiden, mit welcher seiner Spielfiguren er ziehen möchte. Auch die Richtung, in die man gehen will, kann man selbst wählen.

Man kann eine Figur nach der anderen Richtung Ziel (= Herz-Felder) führen oder alle 2 (4) Figuren gleichzeitig. Letzteres erhöht die Chance, mehrere Ziel-Felder besetzen zu können und den Mitspieler/innen den Weg zu versperren.

Wenn ein Spieler auf ein nummeriertes **Ereignisfeld** gelangt, muss er die entsprechende Anweisung der Spielanleitung nachlesen und der dort stehenden Anweisung folgen.

Wer durch eine Anweisung eines Ereignisfeldes auf ein anderes gelangt, braucht dieses nicht zu beachten.

Endet ein Spieler auf einem **Feld mit einem Pfeil**, so muss er in der nächsten Runde in die Richtung laufen, die ihm der Pfeil angibt.

Ziel des Spiels

Alle Spieler/innen, die ein Herz-Feld besetzen können, sind Sieger des Spiels, wobei der Spieler mit den meisten Figuren auf den Herz-Feldern den ersten Platz einnimmt.

Da es nur sechs Herz-Felder bei 24 Spielfiguren gibt, kann es auch vorkommen, dass ein Spieler mehrere Herz-Felder besetzen kann, ein anderer gar keine.

Spielvariation

Ähnlich wie beim Malefizspiel (einem bekannten Brettspiel aus den 1960-er Jahren könnte man noch Hindernisse in den Weg legen. Dazu bräuchte man Cents, Kieselsteine oder Ähnliches. Wer auf ein Feld mit einem Hindernis kommt, darf dieses einem beliebigen Mitspieler in den Weg legen oder (aus Nächstenliebe!) liegen lassen und hat dafür einen weiteren Wurf frei.

Statt Hindernisse könnte man kleine Süßigkeiten (Smarties, kleine Kaubonbons u. Ä.) auf den Feldern verteilen. Wer auf ein belegtes Feld kommt, muss einem beliebigen Mitspieler eine süße Überraschung bereiten.

Das Spiel von der Nächstenliebe

Spielanleitung für die Ereignisfelder

ab Klasse 3

1. Du bist ja so nett!
   → **Gehe 10 Felder vor.**

2. Nette Worte sagen mehr als tausend Blumen.
   → **Sage etwas Liebes über deinen linken Spielnachbarn und würfle dann noch einmal.**

3. Lass Blumen sprechen.
   → **Zeichne eine Blume und schenke sie deinem liebsten Mitspieler. Anschließend geht ihr beide mit je einer Spielfigur auf Feld Nr. 6.**

4. Jesus gab den Menschen das Gebot von der Nächstenliebe, das Hauptgebot.
   → **Wenn du das Hauptgebot kennst, darfst du 5 Felder vor.**

5. Rot ist die Liebe.
   → **Alle roten Figuren müssen auf Feld Nr. 5 gestellt werden.**

6. Glück in der Liebe, Pech im Spiel!
   → **Alle deine Spielfiguren müssen auf Feld Nr. 2 gestellt werden.**

7. Liebe geht durch den Magen.
   → **Schenke deinem rechten Spielnachbarn eine leckere Kleinigkeit zum Essen. Wenn er ablehnt, muss er eine Runde aussetzen. Wenn du nichts zum Verschenken hast, musst du eine Runde aussetzen.**

8. Alte Liebe rostet nicht!
   → **Der älteste Mitspieler darf 7 Felder vor.**

9. Verliebt, verlobt, verheiratet ...
   → **Wenn du ein berühmtes Ehepaar kennst, dann darfst du mit einem gegengeschlechtlichen Mitspieler auf Feld Nr. 11 ziehen.**

10. „Wer ist mein Nächster?“, fragte ein junger Mann, und Jesus erzählte ihm das Gleichnis vom barmherzigen Samariter. In diesem liefen mehrere Personen an einem hilflos am Boden liegenden Verletzten vorbei. Das sollte dir nicht passieren.
    → **Bleibe so lange stehen, bis ein Spieler freiwillig oder unfreiwillig an dir vorbeikommt.**

11. Nächstenliebe kann vielfältig ausgedrückt werden, z. B. durch eine Umarmung, einen Kuss, ein liebevolles Lächeln ...
    → **Behandle einen Mitspieler deiner Wahl sehr liebevoll und würfle anschließend noch einmal.**

12. Du hast Mitleid mit dem letzen Mitspieler auf dem Feld.
    → **Tausche mit dem letzten Mitspieler den Platz.**

Das Wabenspiel

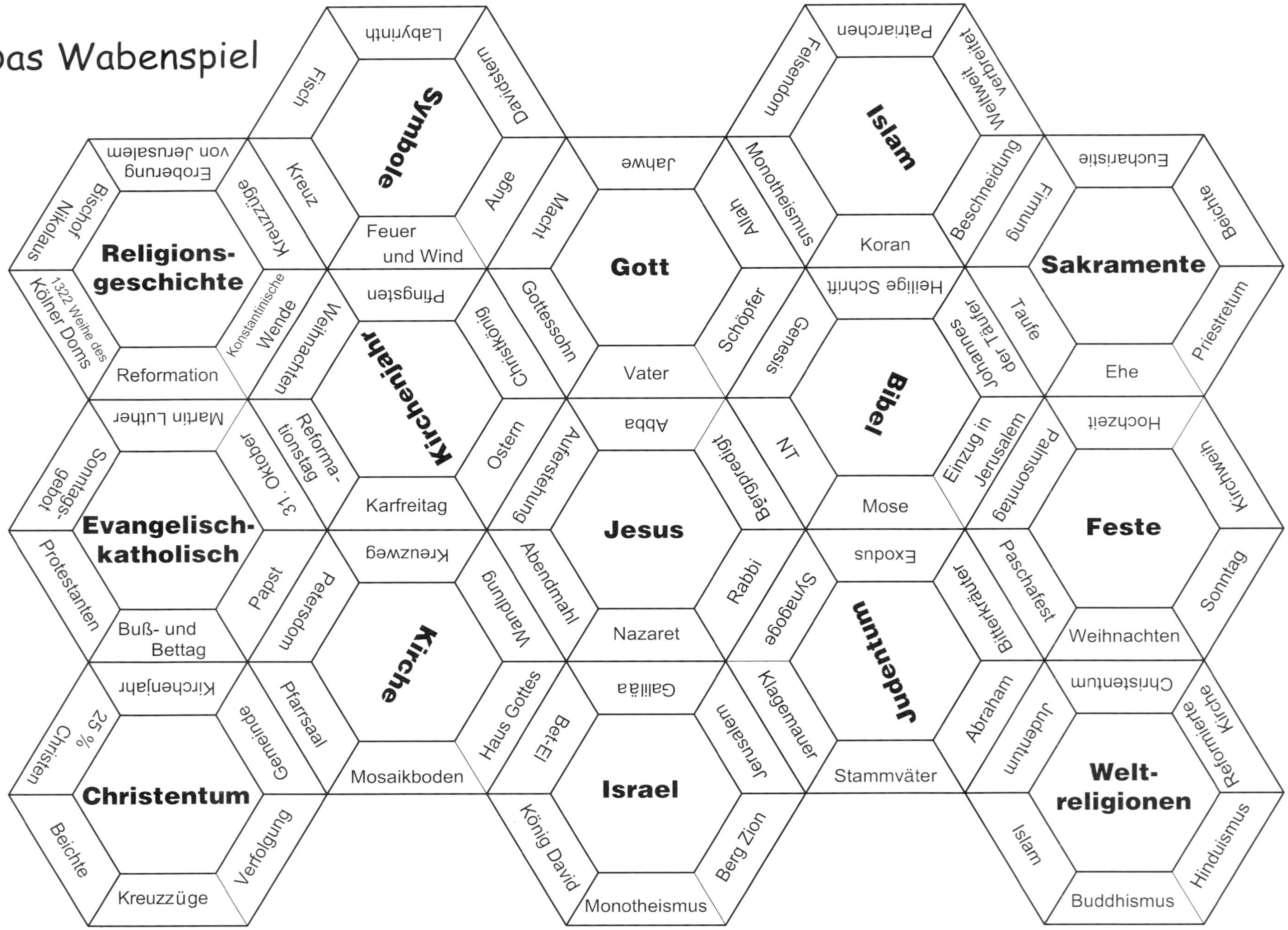

Das Wabenspiel

Vorbereitung, Spielregeln, Gestaltung

ab Klasse 4

Spielmaterial

Für das Spiel: Pro Spieler/in/Spielgruppe ein vollständiger Satz ausgeschnittener Spielkarten von „Das Wabenspiel“ (DIN A3 oder DIN A4), evtl. Stoppuhr.

Für die Gestaltung des Spiels

a) Ein leerer Spielplan (DIN A3 oder DIN A4), Farbstifte und Schere bzw. Bastelmesser, Laminiergerät.

b) Ein leerer Spielplan (DIN A3 oder DIN A4), farbiges Tonpapier und Schere bzw. Bastelmesser, Laminiergerät oder selbstklebende Klarsichtfolie

Vorbereitung

Vor dem Spiel müssen die Spielkarten des Spiels ausgeschnitten werden.

a) Spiel für Anfänger/innen: Zunächst den Spielplan auf DIN A4 oder DIN A3 kopieren und mit Farben gestalten. Dazu jede innere Wabe mit je einer anderen Farbe ausmalen. Dann die sechs trapezförmigen äußeren Felder einer Wabe in der Farbe der benachbarten Wabe ausmalen. Dabei darauf achten, dass die Waben an den Rändern auch zueinander passen können.
Beispiel: Die Wabe „Jesus“ wird innen mit gelb, die benachbarte Wabe „Bibel“ mit hellblau ausgemalt. Das trapezförmige Außenfeld der Wabe „Jesus“, das zur Wabe „Bibel“ angrenzt, enthält den Begriff „Bergpredigt“ und wird hellblau ausgemalt. Das Außenfeld der Wabe „Bibel“, das an die Wabe „Jesus“ grenzt, erhält die Farbe Gelb.
Wenn alle Waben ausgemalt sind, wird der Spielplan laminiert und die einzelnen Waben ausgeschnitten.

b) Spiel für Profis: Das Spiel wird nicht ausgemalt, sondern auf einen beliebigen farbigen Tonkarton kopiert, evtl. laminiert oder mit selbstklebender Klarsichtfolie überzogen. Dann werden die einzelnen Waben ausgeschnitten.

Spielverlauf

Jeder Spieler bzw. jede Spielgruppe (2 bis 4 Teilnehmer/innen) erhält einen vollständigen Satz Spielkarten.

Die Aufgabe ist, innerhalb einer bestimmten Zeit möglichst viele Waben so zusammenzulegen, dass die Inhalte der trapezförmigen Außenfelder direkt aneinander angrenzender Waben in einem sinnvollen Zusammenhang stehen. Das ist, nachdem der Spielplan ausgeschnitten wurde, gar nicht so einfach, weil es manchmal mehrere Lösungsmöglichkeiten gibt.

Ziel des Spiels

Alle Karten zu einem sinnvollen Bild legen.

Das Würfelspiel zum Kirchenjahr

Startfeld

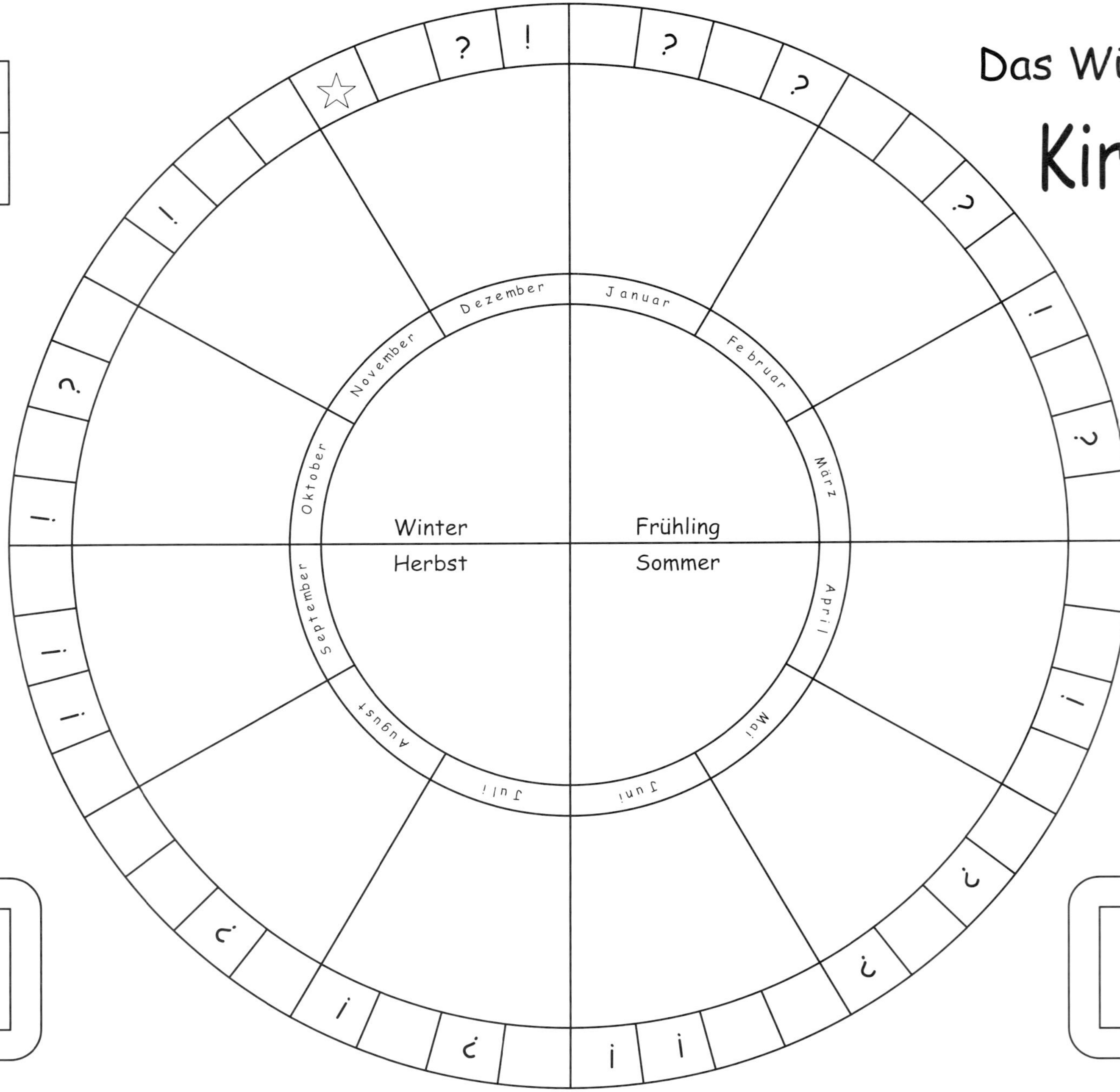

Fragekarten

Ereigniskarten

Das Würfelspiel zum Kirchenjahr

Vorbereitung, Spielregeln, Gestaltung

ab Klasse 4

Spielmaterial

Für das Spiel: Ein Spielplan „Das Würfelspiel zum Kirchenjahr“ (DIN A3), je eine Spielfigur pro Teilnehmer/in, ein Würfel und viele Frage- und Ereigniskarten.

Für die Gestaltung des Spiels: Ein leerer Spielplan (DIN A3), farbige Stifte, eine Prospekthülle (DIN A3).

Vorbereitung

Vor dem Spiel muss der Spielplan noch ausgestaltet werden:

Die sechs Felder des **Startfeldes** werden in den Farben gelb, rot, violett, grün, blau und schwarz entsprechend der Farben handelsüblicher Spielfiguren ausgemalt.

Das **Sternfeld** wird gelb auf blauem Grund ausgemalt.

Die **Felder mit den Fragezeichen** sowie der **Platz für die Fragekarten** erhalten die Farbe braun.

Die **Felder mit den Ausrufezeichen** sowie der **Platz für die Ereigniskarten** erhalten die Farbe orange.

Mit älteren Schüler/innen können weitere **Ereignis- und Fragekarten** zum Kirchenjahr erstellt werden. Dazu muss man die Blankokarten entsprechend häufig kopieren. Es empfiehlt sich die Einteilung in Gruppen mit jeweils gesonderten Aufgaben. Eine Gruppe könnte z. B. Karten zum Weihnachtsfestkreis, eine andere zum Osterfestkreis erstellen, die nächste zu Nikolaus und Sankt Martin und eine weitere Gruppe zu den Marienfesten.

Die **leeren Flächen** auf dem Spielplan können der eigenen Fantasie überlassen werden. Sie können bemalt oder beklebt werden; die einzelnen Bilder sollten aber inhaltlich zum Thema passen.

Spielverlauf

Wichtig! Vorwissen zu den Festen und Feiern im Kirchenjahr wird benötigt.

Es können bis zu sechs Spieler/innen an einem Spiel teilnehmen.

Jeder Spieler stellt seine Spielfigur auf die entsprechende Farbe im Startfeld.

Die Fragekarten bzw. die Ereigniskarten werden gemischt und mit der Schrift nach unten auf die entsprechende Stelle auf dem Spielplan abgelegt.

Es beginnt der Spieler, der als erster nach dem kommenden 1. Advent Geburtstag hat.

Gewürfelt wird gegen den Uhrzeigersinn.

Um ins Spiel zu kommen, darf man bis zu viermal würfeln, um eine 1 zu bekommen. Wer eine 1 würfelt, stellt seine Figur auf den Stern und würfelt noch einmal.

Gezogen wird auf dem äußersten Kreis des Spielplans rund um das Spielfeld (Kirchenjahr).

Gelangt ein Spieler auf ein **besetztes Feld**, so muss der Spieler, der vor ihm da war, seine Figur vier Felder zurück stellen. Ist auch dieses Feld besetzt, muss er noch einmal vier Felder zurück usw. Wenn er dadurch auf einem Frage- oder Ausrufezeichen stehen bleibt, hat es für ihn keine Bedeutung. Man darf nie hinter den Stern verschoben werden!

Bleibt ein Spieler auf einem **Feld mit einem Fragezeichen** stehen, so muss sein rechter Nachbar die oberste Karte vom Stapel der Fragekarten ziehen und dem Spieler die dort notierte Frage vorlesen. Kann der Spieler die Frage richtig beantworten, so darf er 4 Felder vorrücken. Beantwortet er die Frage nicht oder nicht richtig, so muss er stehen bleiben und in der nächsten Runde eine neue Karte ziehen.

Bleibt ein Spieler auf einem **Feld mit einem Ausrufezeichen** stehen, so darf er selbst eine Ereigniskarte ziehen und die Karte vorlesen. Den Auftrag, der auf der Karte steht, muss er sofort ausführen.

Aufgebrauchte Stapel werden neu gemischt und wieder ausgelegt.

Ziel des Spiels

Der Spieler, der zuerst 4 Runden beenden konnte (entsprechend der 4 Lesejahre im Gottesdienst), hat das Spiel gewonnen.

Variation

Sind viele Fragekarten vorhanden, so kann man das Spiel auch mit Punktwertung spielen: Jeder Spieler, der eine Frage richtig beantworten konnte, behält die Karte bis zum Spielende ein. Jede Karte zählt wie ein Punkt. Gewonnen hat der Spieler mit den meisten Fragekarten (Punkten).

Das Würfelspiel zum Kirchenjahr – Blankokarten

Fragekarten

Das Würfelspiel zum Kirchenjahr

?	
A	

Das Würfelspiel zum Kirchenjahr

?	
A	

Das Würfelspiel zum Kirchenjahr

?	
A	

Das Würfelspiel zum Kirchenjahr

?	
A	

Das Würfelspiel zum Kirchenjahr

?	
A	

Ereigniskarten

Das Würfelspiel zum Kirchenjahr

!	
→	

Das Würfelspiel zum Kirchenjahr

!	
→	

Das Würfelspiel zum Kirchenjahr

!	
→	

Das Würfelspiel zum Kirchenjahr

!	
→	

Das Würfelspiel zum Kirchenjahr

!	
→	

Das Würfelspiel zum Kirchenjahr – Kartenset 1

Fragekarten

Das Würfelspiel zum Kirchenjahr

?	Wann beginnt das Kirchenjahr?
A	Am 1. Adventssonntag

Das Würfelspiel zum Kirchenjahr

?	An welchem Datum ist der erste Weihnachtsfeiertag?
A	Am 25. Dezember

Das Würfelspiel zum Kirchenjahr

?	Welches christliche Fest wird am 11. November gefeiert?
A	Sankt Martin

Das Würfelspiel zum Kirchenjahr

?	Mit welchem Tag beginnt die vorösterliche Fastenzeit?
A	Mit Aschermittwoch

Das Würfelspiel zum Kirchenjahr

?	Wie lautet das Gebet beim Kreuzzeichen?
A	Im Namen des Vaters und des Sohnes und des Heiligen Geistes. Amen

Ereigniskarten

Das Würfelspiel zum Kirchenjahr

!	Du hast geholfen, den Christbaum zu schmücken.
→	**Noch einmal würfeln.**

Das Würfelspiel zum Kirchenjahr

!	Dein Nikolausstiefel muss noch geputzt werden.
→	**Eine Runde aussetzen.**

Das Würfelspiel zum Kirchenjahr

!	Du willst deinen Freund/deine Freundin zum Namenstag einladen.
→	**Gehe auf das Feld des nettesten Mitspielers.**

Das Würfelspiel zum Kirchenjahr

!	Nenne innerhalb von 20 Sekunden möglichst viele Gemüsearten im Erntedankkorb.
→	**So viele Felder vor, wie du Früchte in der Zeit genannt hast.**

Das Würfelspiel zum Kirchenjahr

!	Du bist zu spät zum Gottesdienst gekommen.
→	**Schleiche einmal um den Tisch und gehe 2 Felder vor.**

Das Würfelspiel zum Kirchenjahr – Kartenset 2

Fragekarten

Das Würfelspiel zum Kirchenjahr

?	Welche Farbe kommt im Kirchenjahr bei den Paramenten (z. B. Gewändern) am häufigsten vor?
A	Grün

Das Würfelspiel zum Kirchenjahr

?	Welche liturgische Farbe hat die Advents- oder Fastenzeit?
A	Violett

Das Würfelspiel zum Kirchenjahr

?	An welchem Tag ist Allerseelen?
A	Am 2. November

Das Würfelspiel zum Kirchenjahr

?	An welchem Tag ist Allerheiligen?
A	Am 1. November

Das Würfelspiel zum Kirchenjahr

?	An welchem Wochentag ist Buß- und Bettag?
A	Am Mittwoch

Ereigniskarten

Das Würfelspiel zum Kirchenjahr

!	Du hast im Garten ein Osternest gefunden.
→	**Zeichne ein Osterei und schenke es einem Mitspieler.**

Das Würfelspiel zum Kirchenjahr

!	Du willst deiner kleinen Schwester nichts von deinem Nikolausteller abgeben.
→	**2 Runden aussetzen.**

Das Würfelspiel zum Kirchenjahr

!	Du begleitest deine alte Nachbarin zum Sonntagsgottesdienst.
→	**4 Felder vor.**

Das Würfelspiel zum Kirchenjahr

!	Nenne 5 Obstsorten im Erntedankkorb!
→	**5 Felder vor, wenn du es innerhalb von 20 Sekunden geschafft hast.**

Das Würfelspiel zum Kirchenjahr

!	Nenne 3 Kräuter, die du zur Kräuterweihe an Maria Himmelfahrt zur Kirche mitnehmen kannst.
→	**2 mal würfeln und die größere Zahl gehen.**

Das Würfelspiel zum Kirchenjahr – Kartenset 3

Fragekarten

Das Würfelspiel zum Kirchenjahr

?	In welchem Land wurde der hl. Nikolaus geboren? Nenne den heutigen Namen dieses Landes.
A	Türkei (Lykien)

Das Würfelspiel zum Kirchenjahr

?	Welchen Brauch gibt es am Barbaratag?
A	Barbarazweige in die Vase stellen

Das Würfelspiel zum Kirchenjahr

?	Welcher Tag kommt vor dem Aschermittwoch?
A	Fastnacht

Das Würfelspiel zum Kirchenjahr

?	Welcher Tag kommt vor Fastnacht?
A	Rosenmontag

Das Würfelspiel zum Kirchenjahr

?	Welcher Sonntag kommt vor Ostersonntag?
A	Palmsonntag

Ereigniskarten

Das Würfelspiel zum Kirchenjahr

!	Du hast eine Martinslaterne für deinen kleinen Bruder gebastelt.
→	**Noch einmal würfeln**

Das Würfelspiel zum Kirchenjahr

!	Nenne einen Jungen- und einen Mädchennamen, die am 6. Dezember Namenstag haben!
→	**Nikolaus, Niclas, Nico, Klaus oder Nikola, Nicole, Nicki ...**

Das Würfelspiel zum Kirchenjahr

!	Nenne einen Jungen- und einen Mädchennamen, die am 11. November Namenstag haben!
→	**Martin, Martina ...**

Das Würfelspiel zum Kirchenjahr

!	Nenne einen Karnevalsruf!
→	**Helau, Alaaf, Narri – Narro ...**

Das Würfelspiel zum Kirchenjahr

!	Es ist Palmsonntag und die Christen erinnern an den Einzug Jesu in Jerusalem.
→	**Stelle pantomimisch eine Palme dar!**

Das Würfelspiel zum Kirchenjahr – Kartenset 4

Fragekarten

Das Würfelspiel zum Kirchenjahr

?	Welchen Brauch gibt es an Allerheiligen?
A	Die Gräbersegnung

Das Würfelspiel zum Kirchenjahr

?	Welcher Sonntag ist der letzte im Kirchenjahr?
A	Der Totensonntag

Das Würfelspiel zum Kirchenjahr

?	An welchem Tag erinnert man sich an das letzte Abendmahl?
A	Jeden Sonntag, v. a. Gründonnerstag

Das Würfelspiel zum Kirchenjahr

?	An welchem Feiertag erinnert man sich an die Kreuzigung Jesu?
A	Karfreitag

Das Würfelspiel zum Kirchenjahr

?	Was feiert man an Pfingsten?
A	Die Sendung des Heiligen Geistes

Ereigniskarten

Das Würfelspiel zum Kirchenjahr

!	Zähle drei Gegenstände auf, die man an Allerheiligen auf dem Friedhof sehen kann.
→	**Grabkreuz, Blumenkranz, Grablicht … → 3 Felder vor.**

Das Würfelspiel zum Kirchenjahr

!	Du spielst beim Krippenspiel mit und darfst dir die Rolle selbst aussuchen.
→	**Stelle eine Figur aus dem Krippenspiel pantomimisch dar. Alle raten.**

Das Würfelspiel zum Kirchenjahr

!	Nenne eine Zutat, die man zum Backen der Hostien benötigt.
→	**Mehl, Wasser … → Bei richtiger Antwort 2 Felder vor!**

Das Würfelspiel zum Kirchenjahr

!	Nenne innerhalb von 20 Sekunden 5 Wörter, die mit „Kreuz" beginnen oder enden.
→	**So viele Felder vor, wie es Begriffe innerhalb der Zeit gab.**

Das Würfelspiel zum Kirchenjahr

!	Das Pfingstfest wird mit Feuer und Wind symbolisiert.
→	**Stelle entweder Feuer oder Wind pantomimisch dar!**

Das Würfelspiel zum Kirchenjahr – Kartenset 5

Fragekarten

Das Würfelspiel zum Kirchenjahr

?	Was bedeutet der Begriff „Herrenjahr“?
A	Das Kirchenjahr, dessen Festtage an den Herrn Jesus Christus erinnern

Das Würfelspiel zum Kirchenjahr

?	Was bedeutet das Wort Advent?
A	Ankunft

Das Würfelspiel zum Kirchenjahr

?	Wie viele Tage dauert es von Ostern bis Pfingsten?
A	50 Tage

Das Würfelspiel zum Kirchenjahr

?	Wie viele Tage dauert die vorösterliche Fastenzeit?
A	40 Tage

Das Würfelspiel zum Kirchenjahr

?	An wen erinnert das Fest Peter und Paul?
A	An die Apostel Simon Petrus und Paulus

Ereigniskarten

Das Würfelspiel zum Kirchenjahr

!	Du hast dein Nikolausgedicht nicht gelernt.
→	**Gehe 6 Felder zurück.**

Das Würfelspiel zum Kirchenjahr

!	Du hast ein Weihnachtslied absichtlich mit falschem Text gesungen.
→	**Noch einmal würfeln, aber zurück gehen.**

Das Würfelspiel zum Kirchenjahr

!	Du hast mit einen Palmwedel ein Kind vor dir geärgert.
→	**Gehe ein Feld hinter den Spieler hinter dir.**

Das Würfelspiel zum Kirchenjahr

!	Du hast die Martinslaterne eines Klassenkameraden absichtlich fallen lassen.
→	**10 Felder zurück.**

Das Würfelspiel zum Kirchenjahr

!	Du bist beim Gottesdienst unaufmerksam und kicherst ständig.
→	**Eine Runde aussetzen und keinen Ton von dir geben.**

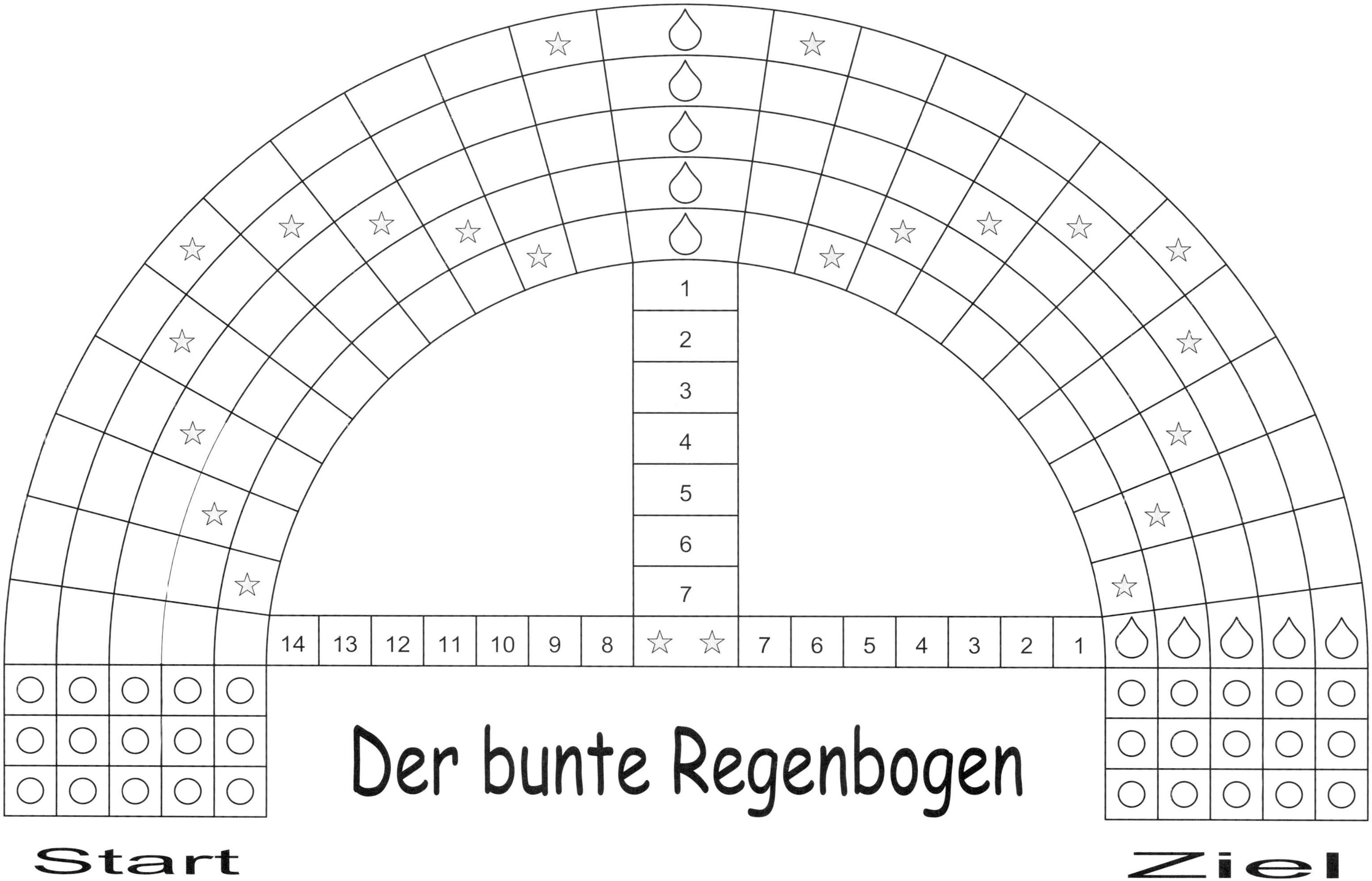

Der bunte Regenbogen

Der bunte Regenbogen

Vorbereitung, Spielregeln, Gestaltung

ab Klasse 1

Spielmaterial

Für das Spiel: 1 leerer Spielplan „Der bunte Regenbogen" (DIN A3), 1 Würfel, je drei Figuren einer Farbe pro Spieler/in.

Für die Gestaltung des Spiels: 1 leerer Spielplan (DIN A3), farbige Stifte (Regenbogenfarben), eine Prospekthülle (DIN A3).

Vorbereitung

Der Spielplan wird auf DIN A3 vergrößert.

Der **Regenbogen** wird von außen nach innen mit den Farben violett, blau, grün, rot und gelb ausgemalt, sodass man die Figuren vom Mensch-ärgere-dich-nicht-Spiel verwenden kann.

Ansonsten kann der Plan nach Belieben gestaltet werden. Den Schüler/innenn gefällt es, wenn die aufgedruckten Sterne mit kleinen goldenen Sternaufklebern überklebt werden. Außerdem kann man noch Menschen, Tiere, Häuser und Pflanzen hinzuzeichnen.

Der fertige Spielplan kann in eine DIN A3-Prospekthülle geschoben oder auf einen farbigen Karton geklebt und laminiert werden.

Spielverlauf

Es können bis 5 Spieler/innen bei einem Spiel mitmachen. Jeder Spieler wählt sich eine Farbe, mit der er spielen möchte.

Alle Spieler/innen stellen ihre Figuren auf die entsprechenden Felder auf der Startseite.

Der Spieler, der heute am farbigsten angezogen ist, fängt mit dem Würfeln an.

Es wird reihum im Uhrzeigersinn gewürfelt. Bei einer 6 darf man nicht noch einmal würfeln.

Es wird nicht geschlagen. Man darf eigene Spielfiguren überholen aber nicht mehrere Felder besetzen.

Wenn ein Spieler auf einem **Feld mit einem Stern** landet, darf er noch einmal würfeln.

Zwischen den Feldern 7 und 8 befindet sich ein **Doppelstern**. Wer dieses Feld betritt, darf gleich zweimal würfeln.

Landet ein Spieler auf einem **Feld mit einem Tropfen**, dann muss er nach unten bzw. über die ganze Seite nach links weitergehen und sozusagen eine Ehrenrunde laufen. Um die Spieler/innen auf den äußeren Bögen nicht zu benachteiligen, zieht man von seinem Tropfen direkt über die nummerierten Felder 1 bis 14. Vom Feld Nr. 14 schließlich darf jeder Spieler direkt auf seiner eigenen Farbbahn weiterlaufen.

Alle drei Figuren eines Spielers dürfen gleichzeitig unterwegs zum Ziel sein.

Jeder Spieler entscheidet selbst, mit welcher seiner Spielfiguren er ziehen möchte.

Ziel des Spiels

Der Spieler, der als Erstes mit einem genauen Wurf alle drei Figuren im Ziel hat, ist Gewinner des Spiels.

Spielvariation

Statt bei den Sternen noch einmal zu würfeln, muss man seine Figur in die nächste innere Bahn (bzw. von der innersten Bahn auf die äußerste) setzen.

Spielfiguren, die nicht auf der eigenen Farbbahn laufen, dürfen geschlagen werden. Geschlagene Figuren müssen auf das jeweils unterste freie Feld im Start gesetzt werden.

DER STERN VON BETLEHEM

Der Stern von Betlehem

Vorbereitung, Spielregeln, Gestaltung

ab Klasse 1

Spielmaterial

Für das Spiel: Ein Spielplan „Der Stern von Betlehem" (DIN A3), je eine Spielfigur pro Spieler/in in verschiedenen Farben, ein Würfel und die Liste mit den Erläuterungen zu den Ereignisfeldern (mindestens ein Mitspieler sollte lesen können).

Für die Gestaltung des Spiels: Ein leerer Spielplan (DIN A3), Farbstifte und eine Prospekthülle (DIN A3).

Vorbereitung

Den Spielplan auf DIN A3 vergrößern und farbig ausmalen. Dabei die Felder mit den Zahlen und das Start- und Zielfeld besonders gestalten, damit sie sich von den anderen Feldern besser unterscheiden.

Wenn das Spiel fertig ausgemalt ist, kann man es laminieren (= in eine Plastikfolie schweißen), um es haltbar zu machen. Eine andere Möglichkeit, das Spiel haltbar zu machen, ist, den Spielplan auf eine Pappe der gleichen Größe zu kleben und beides zusammen in eine große Prospekthülle zu schieben, die es in großen Kaufhäusern in der Schreibabteilung zu kaufen gibt.

Spielregeln

Die Spielfiguren werden auf das Startfeld S gestellt.

Es beginnt der Spieler, der am nächsten zum 24. Dezember Geburtstag hat.

Nachdem der erste Spieler feststeht, wird reihum im Uhrzeigersinn gewürfelt.

Auf den Spielfeldern dürfen mehrere Figuren stehen. Es wird nicht geschlagen.

Bei einer 6 darf nicht noch einmal gewürfelt werden.

Wer ein Spielfeld mit einer Zahl erreicht, muss in den Erläuterungen zu den Spielfeldern unter der betreffenden Zahl nachlesen und den Auftrag, der dort steht, ausführen.

Ziel des Spiels

Wer als Erster im Ziel Z ist, hat gewonnen. Das Ziel muss genau angewürfelt werden.

Beispiel: Wer drei Felder vor dem Ziel steht und eine 5 würfelt, muss stehen bleiben und in der nächsten Runde erneut sein Glück versuchen; nur die 3 ließe ihn ins Ziel ziehen.

Der Stern von Betlehem

Spielanleitung für die Ereignisfelder

ab Klasse 1

1. Ein Bote des Kaisers Augustus kommt in Nazaret an. Maria und Josef eilen aus dem Haus, um ihm zuzuhören. → **Gehe 3 Felder vor.**
2. Maria und Josef hören dem Boten des römischen Kaisers zu. → **1 Runde aussetzen.**
3. Der Bote des Kaisers befiehlt, dass jeder in seine Heimatstadt gehen soll, um sich in Steuerlisten eintragen zu lassen. → **Jeder Spieler nennt seinen Geburtsort und geht 2 Felder zurück, um nach Hause zu gehen.**
4. Maria und Josef eilen schnell nach Hause um zu packen, da sie zur Volkszählung nach Betlehem reisen müssen. → **Gehe zurück zum Start.**
5. Josef verabschiedet sich von seinen Freunden.
   → **Gebe jedem Mitspieler die Hand und würfle noch einmal.**
6. Maria und Josef haben es eilig, da Maria ein Kind erwartet und es nicht unterwegs zur Welt bringen möchte. → **Gehe 2 Felder vor.**
7. Der Weg nach Betlehem ist lang. → **Singe zur Abwechslung ein kleines Wanderlied.**
8. Maria benötigt eine Rast, da die Reise für sie immer beschwerlicher wird.
   → **2 Runden aussetzen.**
9. Ein Reisender zeigt Maria und Josef die Abzweigung nach Betlehem.
   → **Suche dir einen Mitspieler aus, der zur Belohnung 5 Felder vorrücken darf.**
10. Maria und Josef erreichen Betlehem. Der Ort wimmelt von Menschen.
    → **Noch drei Spieler/innen deiner Wahl versammeln sich auf Feld 10.**
11. Josef sieht am Weg eine Herberge und freut sich.
    → **Einmal in die Hände klatschen und noch einmal würfeln.**
12. Josef klopft beim ersten Wirt und fragt ihn nach einer Übernachtungsmöglichkeit.
    → **Einmal auf den Tisch klopfen und auf das Feld deines vorderen Mitspielers ziehen. Falls es keinen vorderen Nachbarn gibt, ziehe auf das Feld des Spielers hinter dir.**
13. Josef klopft beim zweiten Wirt. Dieser weist ihn ohne zuzuhören barsch ab.
    → **Gehe 2 Felder zurück.**
14. Maria hat kaum noch die Kraft zum Weitergehen. Ihre Wehen haben eingesetzt.
    → **Eine Runde aussetzen.**
15. Josef klopft bei der dritten Herberge. Ein nett aussehender Wirt öffnet ihm.
    → **Mach eine tiefe Verbeugung vor deinem linken Nachbarn.**
16. Der dritte Wirt hat leider auch kein Zimmer mehr frei. Maria und Josef wollen schon kehrt machen, da ruft sie der Wirt zurück.
    → **Gehe 2 Felder zurück, würfle noch einmal und gehe wieder Richtung Ziel.**
17. Der Wirt zeigt Josef den Weg zu seinem Stall, wo Maria und Josef übernachten dürfen.
    → **Einmal auf den Stuhl steigen und in die Ferne zeigen. Gehe 5 Felder vor.**
18. Maria und Josef erreichen den Stall von Betlehem. Ochs und Esel sind schon da.
    → **Dein rechter Nachbar muss wie ein Ochse brüllen, dein linker wie ein Esel iahen! Du darfst 3 Felder vor.**
19. Josef macht für Maria ein weiches Lager aus Stroh. → **Noch einmal würfeln.**
20. Maria braucht nun viel Ruhe, um das Kind gebären zu können.
    → **Alle Mitspieler/innen schweigen für 1 Minute.**
21. Das Jesuskind ist geboren! → **Alle Spieler/innen jubeln und gehen 1 Feld vor.**
22. Maria wickelt das Kind in Windeln und wiegt es zärtlich.
    → **Streichle einem lieben Mitspieler über den Kopf und gehe 4 Felder vor.**
23. Josef betrachtet das Jesuskind und staunt darüber, wie klein und hilflos es ist. Er kann sich schwer vorstellen, dass dieses Kind der Sohn Gottes ist.
    → **Mache ein erstauntes Gesicht und gehe 7 Felder zurück.**
24. Es ist Heilig Abend und Maria hat das Jesuskind in die Krippe gelegt.
    → **Singe ein Weihnachtslied und würfle bis zu dreimal, damit du mit etwas Glück ins Ziel gelangen kannst.**

Die Reise nach Jerusalem

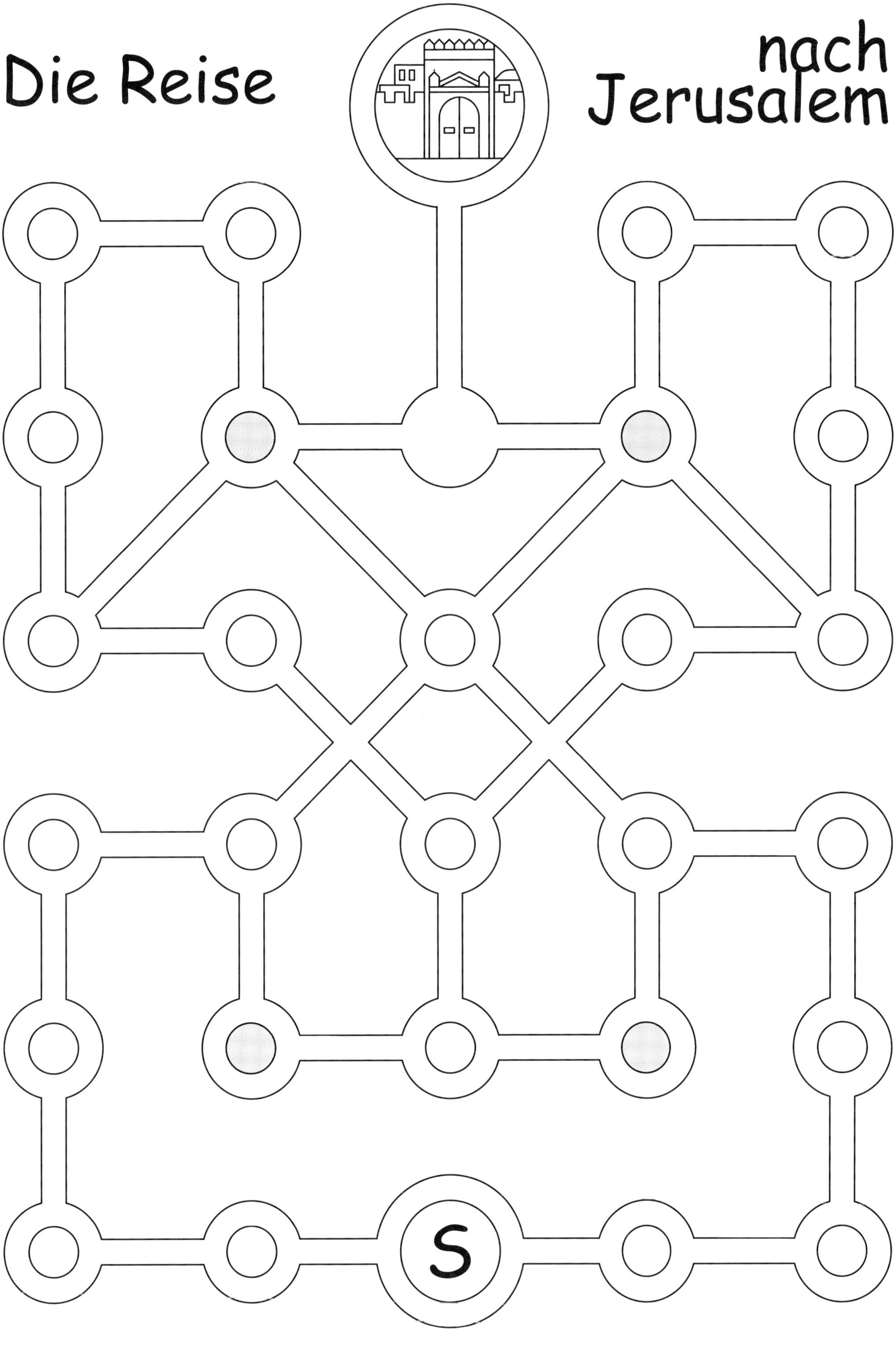

Die Reise nach Jerusalem - mini

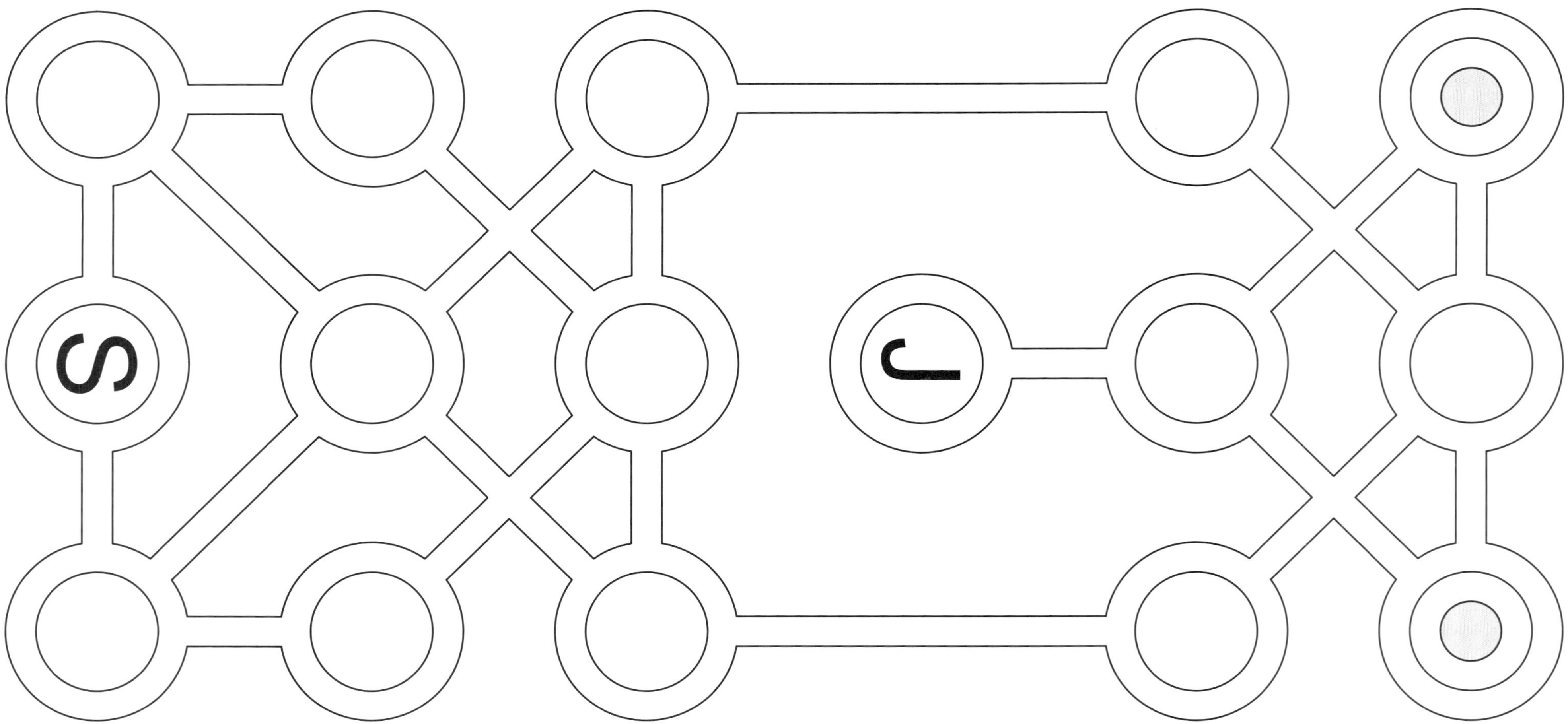

Die Reise nach Jerusalem

Vorbereitung, Spielregeln, Gestaltung

ab Klasse 5

Spielmaterial

Für das Spiel: Ein Spielplan „Die Reise nach Jerusalem“ (DIN A4 oder DIN A3), je eine Spielfigur pro Teilnehmer/in, ein Würfel und viele Fragekarten von „Die Reise nach Jerusalem“.

Für die Gestaltung des Spiels: Ein Spielplan, Farbstifte und eine passende Prospekthülle.

Vorbereitung

Es gibt **zwei Spielpläne:** a) Die „Die Reise nach Jerusalem“ (= großer Spielplan) und b) „Die Reise nach Jerusalem – mini“ (= kleiner Spielplan). Man verwendet den kleinen bzw. großen Spielplan abhängig davon, ob wenige oder mehrere Spieler/innen an einem Spiel teilnehmen. Bei bis zu fünf Spieler/innen ist der kleine Spielplan geeignet, bei Spieler/innen oder Spielgruppen über fünf Teilnehmer/innen, eignet sich eher der große Spielplan. Fertig gestaltete Spielpläne werden in eine passende Prospekthülle geschoben oder laminiert.

Da sehr viele **Fragekarten** benötigt werden, empfiehlt es sich, während einer Unterrichtsstunde weitere Karten herzustellen. Dazu die Blankovorlage abhängig von der Anzahl der Schüler/innen oder Gruppen kopieren. Jeder Schüler/jedes Team erhält sein eigenes Thema, das direkt oder indirekt zum Thema „Israel“ oder „Land Jesu“ passen sollte (z. B. Abraham, Menschen zur Zeit Jesu, die Eroberung Israels durch die Römer, Archäologie der biblischen Länder ...). Mit Hilfe von Büchern und Lexika sollen nun leichte bis schwere Fragen formuliert werden. Diese werden zunächst auf Schmierzetteln notiert und nach dem Korrigieren in das Blankoformular eingetragen. Die fertigen Fragekarten werden kopiert und ausgeschnitten.

Spielverlauf und Spielregeln

Es spielen beliebig viele Spieler/innen (bis maximal 10 Teilnehmer/innen) mit.

Bei sehr wenigen Teilnehmer/innen können die Spieler/innen auch zwei Figuren ihrer Farbe einsetzen, um das Spiel interessanter und schneller zu machen.

Jeder Spieler, bis auf einen, stellt seine Spielfigur auf das Startfeld „**S**“.

Ein Spieler benötigt keine Spielfigur, sondern erhält den Stapel mit den gemischten Fragekarten. Er ist **Spielleiter** und Schiedsrichter zugleich.

Die Gruppe einigt sich, wer zuerst mit dem Würfeln dran ist (z. B. durch Auslosen).

Gewürfelt wird reihum im Uhrzeigersinn. Bei einer 6 wird nicht noch einmal gewürfelt.

Gezogen wird entsprechend der erwürfelten Augenzahl. Man darf in alle Richtungen gehen, jederzeit die Richtung wechseln, jedoch nicht erst vorwärts und dann rückwärts ziehen.

Auf **Kreuzungen** darf man die Richtung nicht wechseln, sondern muss auf geradem Weg von einem runden Feld zum nächsten ziehen.

Aufgabe jedes Spielers ist es, auf das Feld mit dem „**J**“ zu gelangen (mini-Plan) bzw. auf das Feld mit der Stadt. Das ist gar nicht so einfach, denn es lauern viele Gefahren auf dem Weg nach

Jerusalem. Die Gefahr geht von den anderen Spieler/innen aus, die versuchen, alles, was sich ihnen in den Weg stellt, aus dem Weg zu räumen (zu schlagen), um selbst ans Ziel zu gelangen.

Auf allen Feldern darf geschlagen werden. Geschlagene Figuren müssen wieder an den Start.

Ausnahme: die **Felder mit den grauen Kreisen**. Hier darf man bis zu drei Runden stehen und versuchen, mit einer passenden Augenzahl ins Ziel zu gelangen.

Das Ziel muss mit einer genauen Augenzahl erwürfelt werden.

Gelingt es einem Spieler, das Ziel zu erreichen, so zieht der Spielleiter die oberste der **Fragekarten** und liest die Frage vor. Kann der Spieler richtig antworten, so erhält er die Karte bis zum Ende des Spiels zur Verwahrung. War die Antwort falsch, unvollständig oder gar nicht beantwortet, so wird die Karte auf einen neuen Stapel abgelegt und kommt während des Spiels nicht mehr dran. Man kann sich auch darauf einigen, dass die Frage offen bleibt, bis ein Spieler, der die Frage beantworten kann, auf dem Zielfeld landet.

Ziel des Spiels

Möglichst viele Spielkarten gewinnen; eine Spielkarte = 1 Punkt. Das Spiel endet, wenn alle Fragekarten aufgebraucht wurden.

Die Reise nach Jerusalem – Blankokarten

Die Reise nach Jerusalem

✡	
A	

Die Reise nach Jerusalem

✡	
A	

Die Reise nach Jerusalem

✡	
A	

Die Reise nach Jerusalem

✡	
A	

Die Reise nach Jerusalem

✡	
A	

Die Reise nach Jerusalem

✡	
A	

Die Reise nach Jerusalem

✡	
A	

Die Reise nach Jerusalem

✡	
A	

Die Reise nach Jerusalem

✡	
A	

Die Reise nach Jerusalem

✡	
A	

Die Reise nach Jerusalem – Kartenset 1 (Jesus in Jerusalem)

Die Reise nach Jerusalem

✡	Wie heißt der Berg, auf dem Jesus gekreuzigt wurde?
A	Golgota, Schädelstätte

Die Reise nach Jerusalem

✡	Wo verbrachte Jesus die letzte Nacht vor seinem Tod?
A	Im Garten Getsemani

Die Reise nach Jerusalem

✡	Mit wie vielen Jahren war Jesus zum ersten Mal in Jerusalem?
A	Nach 8 Tagen (zur Beschneidung)

Die Reise nach Jerusalem

✡	Wer bezahlte das Grab Jesu?
A	Josef aus Arimathäa

Die Reise nach Jerusalem

✡	Wo wurde Jesus verhört?
A	Palast der Hohenpriester, im Prätorium

Die Reise nach Jerusalem

✡	Wer verhörte Jesus?
A	Pontius Pilatus, Kaiphas, die Hohenpriester und Schriftgelehrten

Die Reise nach Jerusalem

✡	Bei welchem Ereignis in Jerusalem wird von einem Wutanfall Jesu berichtet?
A	Bei der Austreibung der Händler aus dem Tempel

Die Reise nach Jerusalem

✡	Warum wollte Jesus als Kind unbedingt nach Jerusalem?
A	Um das Pessachfest zu feiern

Die Reise nach Jerusalem

✡	Womit haben die Menschen beim Einzug Jesu in Jerusalem gewunken?
A	Mit Palmzweigen

Die Reise nach Jerusalem

✡	Wo in Jerusalem fanden Maria und Josef ihren vermissten 12-jährigen Jungen?
A	Im Tempel

Die Reise nach Jerusalem – Kartenset 2 (Palästina – Das Land Jesu)

Die Reise nach Jerusalem

✡	An welchem See liegt der Ort Kafarnaum?
A	Am See Gennesaret

Die Reise nach Jerusalem

✡	Wie heißt der wichtigste Fluss im Land Jesu?
A	Der Jordan

Die Reise nach Jerusalem

✡	Welches feindliche Land lag zwischen Galiläa und Judäa?
A	Samarien mit der Hauptstadt Samaria

Die Reise nach Jerusalem

✡	Nenne einen Ort (Stadt, Land oder Gewässer) im Land Jesu, der mit dem Buchstaben „J" beginnt!
A	Jerusalem, Jericho, Judäa, Juda, Joppe …

Die Reise nach Jerusalem

✡	Wie nennt man zur Zeit Jesu das Gebiet der Zehn Städte?
A	Dekapolis

Die Reise nach Jerusalem

✡	Wie heißt das größte Gewässer im Land Jesu?
A	Das Tote Meer

Die Reise nach Jerusalem

✡	Was ist das Besondere am Toten Meer?
A	Es liegt 400 m unter dem Meeresspiegel und ist sehr salzig

Die Reise nach Jerusalem

✡	Was war das Heiligtum des Landes Palästina?
A	Der Tempel in Jerusalem

Die Reise nach Jerusalem

✡	Was wurde im Tempel als das Allerheiligste aufbewahrt?
A	Die Bundeslade mit den Gesetzestafeln

Die Reise nach Jerusalem

✡	Zwischen welchen beiden Städten war der Reisende im Gleichnis vom Samariter unterwegs?
A	Zwischen Jericho und Jerusalem

Die Reise nach Jerusalem – Kartenset 3 (Das moderne Israel)

Die Reise nach Jerusalem

✡	Nenne das aktuelle Kfz-Zeichen von Israel!
A	IL

Die Reise nach Jerusalem

✡	Beschreibe die Flagge von Israel!
A	Streifen: Weiß-blau-weiß-blau-weiß und in der Mitte ein blauer Davidstern

Die Reise nach Jerusalem

✡	Welche Sprachen spricht man heute in Israel?
A	Ivrith (= Neu-Hebräisch), Arabisch, Englisch

Die Reise nach Jerusalem

✡	Welche Religionen gibt es in Israel?
A	Judentum (über 80 % der Bev.), Islam (ca. 14 %) und Christentum (ca. 3 %)

Die Reise nach Jerusalem

✡	Wie nennt man heute das Parlament in Israel?
A	Die Knesset

Die Reise nach Jerusalem

✡	Welche Staatsform hat das Land Israel?
A	Eine Parlamentarische Republik

Die Reise nach Jerusalem

✡	Welches Gebäude steht auf dem Tempelplatz in Jerusalem?
A	Der Felsendorn (eine Moschee)

Die Reise nach Jerusalem

✡	Wie heißt heute die Straße in Jerusalem, auf der Jesus zur Kreuzigung lief?
A	Via Dolorosa

Die Reise nach Jerusalem

✡	Welche Länder grenzen an das moderne Israel?
A	Von Nord nach Süd: Libanon, Syrien, Jordanien, Ägypten

Die Reise nach Jerusalem

✡	Wie wird der See Gennesaret heute genannt?
A	Yam Kinneret

Die Reise nach Jerusalem – Kartenset 4 (Menschen zur Zeit Jesu)

Die Reise nach Jerusalem

✡	Wer waren die Gegner Jesu?
A	Die Schriftgelehrten und die Pharisäer

Die Reise nach Jerusalem

✡	Was bedeutet der Begriff „Apostel“?
A	Sendbote

Die Reise nach Jerusalem

✡	Welche Gruppen waren zur Zeit Jesu gesellschaftlich nicht anerkannt?
A	Römer, Frauen, Kinder, Hirten, Zöllner, Arme und Kranke

Die Reise nach Jerusalem

✡	Wer waren die Leviten?
A	Die Tempeldiener

Die Reise nach Jerusalem

✡	Wer war das religiöse Oberhaupt der Juden zur Zeit Jesu?
A	Der Hohepriester

Die Reise nach Jerusalem

✡	Wer waren die Zeloten?
A	Eine religiöse und römerfeindliche Bewegung, die „Eiferer“

Die Reise nach Jerusalem

✡	Unter welchem römischen Kaiser wurde Jesus geboren?
A	Kaiser Augustus

Die Reise nach Jerusalem

✡	Welcher jüdische König regierte zur Zeit Jesu?
A	König Herodes

Die Reise nach Jerusalem

✡	Wie nannte man zur Zeit Jesu Menschen mit Lepra oder Hautkrankheiten?
A	Aussätzige

Die Reise nach Jerusalem

✡	Nenne drei Berufe zur Zeit Jesu!
A	Bauern, Fischer, Hirten, Kaufleute, Könige, Priester, Soldaten, Tagelöhner, Zöllner …

Die Reise nach Jerusalem – Kartenset 5 (Einzelne Personen zur Zeit Jesu)

Die Reise nach Jerusalem

✡	Wen heilte Jesus von seiner Erblindung?
A	Bartimäus

Die Reise nach Jerusalem

✡	Welcher seiner Jünger hat Jesus für 30 Silberlinge verraten?
A	Judas Iskariot

Die Reise nach Jerusalem

✡	Wer war der erste Jünger Jesu?
A	Simon Petrus

Die Reise nach Jerusalem

✡	Wer hat Jesus getauft?
A	Johannes der Täufer

Die Reise nach Jerusalem

✡	Wie heißen die Eltern von Johannes dem Täufer?
A	Zacharias und Elisabet

Die Reise nach Jerusalem

✡	Wie heißen die Eltern Jesu?
A	Maria und Josef

Die Reise nach Jerusalem

✡	Wie hieß der Hohepriester, zu dem der verhaftete Jesus geführt wurde?
A	Kajaphas

Die Reise nach Jerusalem

✡	Nenne den Namen eines Zöllners, den Jesus kennen lernte?
A	Levi, Zachäus …

Die Reise nach Jerusalem

✡	Wer sagte als erster: „Wahrhaftig, das war Gottes Sohn!“?
A	Der römische Hauptmann zu seinen Wachen unter dem Kreuz (Mt 27, 54)

Die Reise nach Jerusalem

✡	Wer verlangte den Kopf von Johannes dem Täufer auf einem silbernen Tablett serviert?
A	Die Tochter der Herodias

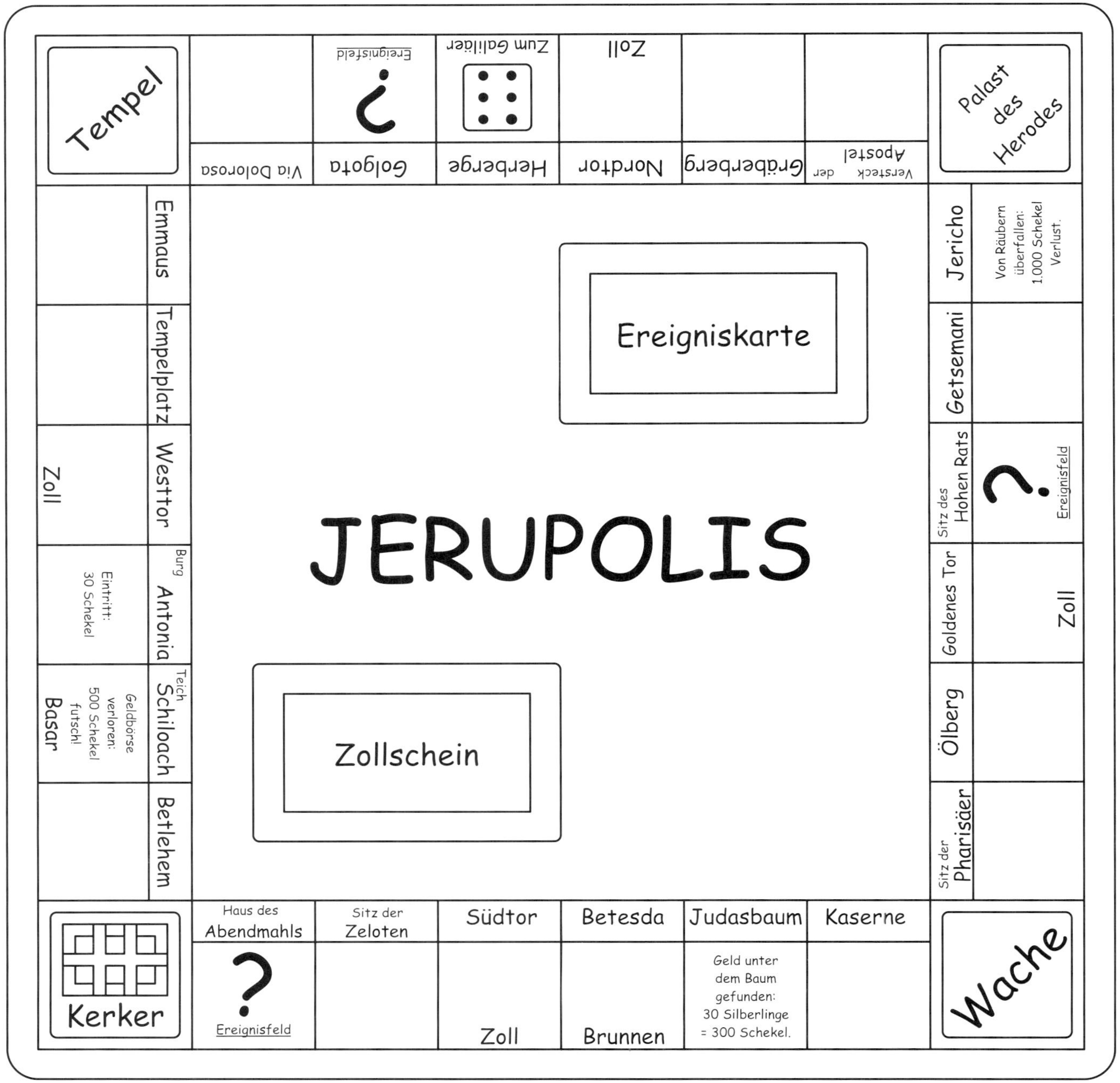
JERUPOLIS
Tempel
Palast des Herodes
Wache
Kerker
Ereigniskarte
Zollschein
Emmaus
Tempelplatz
Westtor
Zoll
Burg Antonia
Eintritt: 30 Schekel
Teich Schiloach
Geldbörse verloren: 500 Schekel futsch!
Basar
Betlehem
Haus des Abendmahls
Ereignisfeld
Sitz der Zeloten
Südtor
Zoll
Betesda
Brunnen
Judasbaum
Geld unter dem Baum gefunden: 30 Silberlinge = 300 Schekel.
Kaserne
Sitz der Pharisäer
Ölberg
Goldenes Tor
Zoll
Sitz des Hohen Rats
Ereignisfeld
Getsemani
Jericho
Von Räubern überfallen: 1.000 Schekel Verlust.
Versteck der Apostel
Gräberberg
Nordtor
Zoll
Herberge
Zum Galiläer
Golgota
Ereignisfeld
Via Dolorosa

Jerupolis

Vorbereitung, Spielregeln, Gestaltung

ab Klasse 4

Spielmaterial

Für das Spiel: Ein Spielplan „Jerupolis" (DIN A3), je eine Spielfigur pro Spieler/in, Jerupolis-Spielgeld, Ereigniskarten, Zollscheine und 2 Würfel.

Für die Gestaltung des Spiels: Ein Spielplan (DIN A3), Farbstifte, eine passende Prospekthülle.

Vorbereitung

Zunächst werden das Spielgeld, die Ereigniskarten und Zollscheine (evtl. auf farbiges Papier) kopiert, ausgeschnitten und sortiert. Vom Spielgeld benötigt man mindestens 5 Kopien pro Wert.

Mit Hilfe der **Blankovorlagen** können im Unterricht noch weitere Ereigniskarten und Zollscheine hergestellt werden.

Die **Ereigniskarten und Zollscheine** werden als Stapel mit der Schrift nach unten auf die dafür vorgesehenen Flächen auf dem Spielplan ausgelegt.

Das **Spielgeld** wird wie folgt an die Spieler/innen verteilt:

1 x 10.000 Schekel, 2 x 2.000 Schekel, 2 x 1.000 Schekel, 2 x 400 Schekel, 4 x 200 Schekel,
4 x 100 Schekel, 5 x 20 Schekel und 6 x 10 Schekel.

Ein Spieler ist der **Zöllner** und verwaltet das restliche Geld.

Spielverlauf

Die Spieler/innen stellen ihre Spielfiguren auf das **Startfeld „Wache"**. Es können bis zu 6 Spieler/innen teilnehmen. Es beginnt der Spieler rechts neben dem Zöllner (= Inhaber der Bank).

Gewürfelt wird reihum mit 2 Würfeln. Bei einem **Pasch** (= beide Würfel haben den gleichen Wert) darf noch einmal gewürfelt werden. Wer drei Paschs hintereinander würfelt, muss in den Kerker, weil soviel Glück im Spiel verdächtig ist.

Man zieht im Uhrzeigersinn. Man einigt sich vor dem Spiel, wie viele Runden man ziehen muss (5 bis 10 Runden oder nach Zeit). Wenn ein Spieler über die „Wache" kommt, erhält er 2.000 Schekel.

Das Spielfeld enthält folgende Felder mit besonderer Bedeutung:

Wer auf dem Feld „**Judasbaum**" hält, bekommt 300 Schekel aus der Bank.

Bei den vier Toren **Südtor, Westtor, Nordtor und Goldenes Tor** muss der Spieler einen **Zollschein** ziehen und die dort vermerkten Anweisungen sofort ausführen.

Die Felder „**Haus des Abendmahls**", „**Golgota**" und „**Sitz des Hohen Rates**" sind **Ereignisfelder**. Wer auf diesen Feldern landet, muss eine Ereigniskarte ziehen und die dort vermerkten Anweisungen sofort ausführen.

Das Feld „**Kerker**" ist das Gefängnis. Wer dort stehen bleibt, muss eine Runde mit dem Würfeln aussetzen. Man kann aber auch dorthin geschickt werden (durch Ereigniskarten oder Zollscheine). Man darf sich mit 1.000 Schekel aus dem Gefängnis frei kaufen.

Auf dem Feld „**Teich Schiloach**", wo sich der Basar befindet, hat der Spieler leider seine Geldbörse mit 500 Schekel verloren, die er an den Finder (seinen linken Spielnachbarn) zahlen muss.

Wer auf dem Feld „**Burg Antonia**" stehen bleibt, muss 30 Schekel an die Bank zahlen.

Wer auf dem Feld „**Tempel**" stehen bleibt, kann sich entscheiden, ob er zwei Runden aussetzen will, um Zeit für das Opfer und das Gebet zu haben, oder ob er sich freikaufen will. Im zweiten Fall zahlt man 1.000 Schekel, um nur eine Runde aussetzen zu müssen, 1.500 Schekel, um in der nächsten Runde wieder würfeln zu dürfen oder 2.000 Schekel, um sofort zum Feld „Herberge zum Galiläer" zu gelangen. Dort darf er sein Glück im Spiel versuchen und bis zu dreimal mit einem Würfel versuchen, eine 6 zu würfeln. Gelingt es ihm, so gewinnt er sein Geld (2.000 Schekel) zurück. Gelingt es ihm nicht, so hat dies für ihn keine Folgen.

Ein Spieler, der auf dem Feld „**Herberge zum Galiläer**" landet, darf mit einem Würfel bis zu dreimal würfeln, um eine 6 zu bekommen. Gelingt es ihm, so gewinnt er 2.000 Schekel aus der Bank. Gelingt es ihm nicht, so muss er je 20 Schekel an alle Mitspieler/innen auszahlen.

Wer auf dem Feld „**Palast des Herodes**" landet, hat es verständlicherweise eilig fort zu kommen, da hier Johannes der Täufer seinen Kopf verlor. Daher darf man gleich noch einmal würfeln. Hat man allerdings eine Summe unter 6 gewürfelt, muss man direkt in den Kerker und dort zwei Runden aussetzen! Man bekommt in diesem Fall keine 2.000 Schekel. Hat man eine Summe einschließlich und über 6 gewürfelt, passiert nichts und man darf die erwürfelte Augenzahl ziehen.

Auf dem Feld „**Jericho**" muss derjenige, der dort anhält, 1.000 Schekel an den linken Spieler (= den Räuber) zahlen.

Ein Spieler, der kein Geld mehr hat, scheidet aus dem Spiel aus, außer er gewinnt einen mildtätigen Mitmenschen, der ihm (beliebig viel) Geld spendet.

Ziel des Spiels

Der reichste Spieler nach 5 bis 10 Runden (oder nach einer vorher festgesetzten Zeit) gewinnt das Spiel.

Literaturhinweis

Spiel frei nach: Monopoly – Das berühmte Gesellschaftsspiel, Hasbro Deutschland GmbH, Soest 1996.

Jerupolis – Blankokarten

Jerupolis **EREIGNISKARTE**

→

Jerupolis **ZOLLSCHEIN**

→

Jerupolis **EREIGNISKARTE**

→

Jerupolis **ZOLLSCHEIN**

→

Jerupolis **EREIGNISKARTE**

→

Jerupolis **ZOLLSCHEIN**

→

Jerupolis **EREIGNISKARTE**

→

Jerupolis **ZOLLSCHEIN**

→

Jerupolis **EREIGNISKARTE**

→

Jerupolis **ZOLLSCHEIN**

→

Jerupolis – Kartenset 1

Jerupolis **EREIGNISKARTE**

Jesus kommt nach Jerusalem. Die Menschen jubeln ihm zu.

→ **Gehe einmal um die Klasse und winke den anderen zu.**

Jerupolis **ZOLLSCHEIN**

Die Steuer an den römischen Kaiser wurde erhöht.

→ **Nachzahlung von 3.000 Schekel an die Zollstation.**

Jerupolis **EREIGNISKARTE**

Jesus wird verhaftet.

→ **Gehe ohne Umweg in den Kerker! Gehe nicht über die Wache!**

Jerupolis **ZOLLSCHEIN**

Die Steuer wurde neu berechnet.

→ **Du erhältst 3.500 Schekel.**

Jerupolis **EREIGNISKARTE**

Jesus feiert das Abendmahl mit seinen Jüngern.

→ **Nenne 3 Lebensmittel für ein Fest-mahl und gehe dann 3 Felder vor.**

Jerupolis **ZOLLSCHEIN**

Fundsachenverkauf am Südtor. Dabei gewinnst du durch Weiterverkauf viel Geld.

→ **Du bekommst von jedem Spieler 200 Schekel.**

Jerupolis **EREIGNISKARTE**

Petrus steht im Hof und behauptet, Jesus nicht zu kennen. – Da kräht der Hahn …

→ **Einmal wie ein Hahn krähen und dreimal aussetzen!**

Jerupolis **ZOLLSCHEIN**

Dein Onkel ist gestorben.

→ **Du erbst 2.000 Schekel.**

Jerupolis **EREIGNISKARTE**

Jesus wirft die Tische der Tempelhändler und Geldwechsler um.

→ **Zahle 2.000 Schekel an die Bank!**

Jerupolis **ZOLLSCHEIN**

Du hast auf dem Töpferbasar den 1. Preis bei einer Ausstellung gewonnen.

→ **Ziehe 20 Schekel ein.**

Jerupolis – Kartenset 2

Jerupolis **EREIGNISKARTE**

Jesus kommt mit 12 Jahren nach Jerusalem. Er freut sich auf den Besuch des Tempels.

→ **Noch einmal würfeln.**

Jerupolis **ZOLLSCHEIN**

Du willst durch das Goldene Tor nach Jerusalem einreisen.

→ **Zahle 5.000 Schekel an den Zöllner.**

Jerupolis **EREIGNISKARTE**

Der 12-jährige Jesus bleibt ganz allein in Jerusalem zurück. Seine Eltern haben Angst um ihn.

→ **Zweimal aussetzen.**

Jerupolis **ZOLLSCHEIN**

Du hast bei der Ausreise aus Jerusalem zu viel Geld bezahlt.

→ **Du erhältst 2.000 Schekel zurück.**

Jerupolis **EREIGNISKARTE**

Der 12-jährige Jesus bleibt ganz allein in Jerusalem zurück. Seine Eltern suchen ihn.

→ **Gehe zum Südtor. Kassiere an der Wache 2.000 Schekel.**

Jerupolis **ZOLLSCHEIN**

Dir ist an der Zollstation der Geldbeutel hinuntergefallen. Ein Junge hebt ihn auf und gibt ihn zurück.

→ **Zahle einem Mitspieler deiner Wahl 400 Schekel Belohnung!**

Jerupolis **EREIGNISKARTE**

Der Tempel muss renoviert werden.

→ **Zahle 10.000 Schekel an die Zollstation!**

Jerupolis **ZOLLSCHEIN**

Der Zöllner Zachäus will seine Betrügereien rückgängig machen.

→ **Jeder Spieler erhält 100 Schekel aus der Zollstation.**

Jerupolis **EREIGNISKARTE**

Du hast den Tempel frisch gestrichen.

→ **Du erhältst 5.000 Schekel aus der Zollstation.**

Jerupolis **ZOLLSCHEIN**

Du wolltest am Westtor Waren durch den Zoll schmuggeln und wurdest erwischt.

→ **Gehe in den Kerker und setze 5 Runden aus!**

Jerupolis – Kartenset 3

Jerupolis **EREIGNISKARTE**

Strafe für zu schnelles Reiten über den Basar.

→ **Zahle 300 Schekel an die Zollstation!**

Jerupolis **EREIGNISKARTE**

Rücke vor bis zur Burg Antonia.

→ **Wenn du über die „Wache“ kommst, ziehe 4.000 Schekel ein.**

Jerupolis **EREIGNISKARTE**

Gehe in den Tempel.

→ **Spende dort 3.000 Schekel für den ärmsten Mitspieler!**

Jerupolis **EREIGNISKARTE**

Gehe zum Tempelplatz. Warte dort, bis der nächste Spieler vorbeigekommen ist.

→ **Dieser muss dir 1.000 Schekel spenden.**

Jerupolis **EREIGNISKARTE**

Du kommst aus dem Kerker frei. Behalte die Karte, bis du sie benötigst.

→ **Du kannst die Karte auch für 2.000 Schekel verkaufen.**

Jerupolis **ZOLLSCHEIN**

Du bist ein Zöllner und wirst erwischt, als du die Tageseinnahmen in deine eigene Tasche stecken willst.

→ **Gehe in den Kerker. Setze dort zweimal aus. Gehe nicht über die „Wache“!**

Jerupolis **ZOLLSCHEIN**

Der Zöllner merkt, dass er sich beim Wechselgeld geirrt hat.

→ **Du erhältst 4.000 Schekel.**

Jerupolis **ZOLLSCHEIN**

Du erhältst einen Bonus als treuer Zollkunde.

→ **Du bekommst 700 Schekel.**

Jerupolis **ZOLLSCHEIN**

Du musst für die Behandlung deines kranken Esels zahlen.

→ **Zahle 1.000 Schekel an die Zollstation!**

Jerupolis **ZOLLSCHEIN**

Deine Ware am Osttor muss verzollt werden.

→ **Zahle 2.000 Schekel an die Zollstation!**

Jerupolis – Kartenset 4

Jerupolis	EREIGNISKARTE
Gehe in den Kerker. Begib dich direkt dorthin. Gehe nicht über die Wache.	
→ **Setze fünfmal aus oder kaufe dich für 5.000 Schekel frei.**	

Jerupolis	ZOLLSCHEIN
Judas benötigt 30 Silberlinge (3.000 Schekel) für seinen Verrat.	
→ **Zahle dem reichsten Spieler 3.000 Schekel.**	

Jerupolis	EREIGNISKARTE
Rücke vor bis zum nächsten Tor. Dort hat dein rechter Mitspieler eine Geburtstagsüberraschung für dich.	
→ **Der rechte Mitspieler zahlt dir 360 Schekel.**	

Jerupolis	ZOLLSCHEIN
Der Hohepriester muss neue Gewänder bekommen.	
→ **Jeder Spieler zahlt dir 40 Schekel.**	

Jerupolis	EREIGNISKARTE
Rücke vor bis zum Ölberg. Jeder Spieler innerhalb von 4 Feldern rechts oder links von dir zahlt dir je 100 Schekel.	
→ **Falls niemand in der Nähe ist, zahlst du 400 Schekel an die Zollstation.**	

Jerupolis	ZOLLSCHEIN
Maria und Josef sind auf der Suche nach ihrem Sohn.	
→ **Gehe 6 Felder zurück.**	

Jerupolis	EREIGNISKARTE
Gehe zurück bis zur Kaserne.	
→ **Setze dort einmal mit dem Würfeln aus.**	

Jerupolis	ZOLLSCHEIN
Zwei Jünger benötigen dein Haus für das Abendmahl.	
→ **Die Spieler links und rechts von dir zahlen dir 1.000 Schekel aus.**	

Jerupolis	EREIGNISKARTE
Du feierst mit Freunden das Pessachfest.	
→ **Zahle 2 beliebigen Mitspielern je 300 Schekel.**	

Jerupolis	ZOLLSCHEIN
Du bist zum Tempeldienst bestellt worden.	
→ **Die Zollstation zahlt dir das erste Gehalt aus: 240 Schekel.**	

Jerupolis – Kartenset 5

Jerupolis **EREIGNISKARTE**

Du wirst mit einer wichtigen Botschaft zur Wache geschickt.

→ **Du erhältst 2.000 Schekel.**

Jerupolis **ZOLLSCHEIN**

Du bist auf dem Weg zum Südtor und kommst am Judasbaum vorbei. Dort entdeckst du den erhängten Judas.

→ **Gehe zum Judasbaum. Dort eine Runde aussetzen vor Schreck.**

Jerupolis **EREIGNISKARTE**

Die Tempelsteuer wird fällig.

→ **Jeder Spieler zahlt dir 1.000 Schekel.**

Jerupolis **ZOLLSCHEIN**

Die Leute strömen zum Berg Golgota, um die Kreuzigung Jesu zu beobachten.

→ **Alle Spieler/innen gehen zum Berg Golgota. Alle zahlen 40 Schekel Eintritt.**

Jerupolis **EREIGNISKARTE**

Du hast in einer Herberge beim Würfeln verloren.

→ **Zahle 3.000 Schekel Schuldgeld an deinen rechten Mitspieler.**

Jerupolis **ZOLLSCHEIN**

Gehe zum Gräberberg, um dort das Grab Jesu zu bewachen.

→ **Dreimal mit dem Würfeln aussetzen.**

Jerupolis **EREIGNISKARTE**

Du hast dich als Tagelöhner für Straßen-arbeiten anstellen lassen.

→ **Tageslohn: 20 Schekel aus der Zollstation.**

Jerupolis **ZOLLSCHEIN**

Gehe zum Goldenen Tor. Würfle dort einmal.

→ **Wenn du dabei über die Wache kommst, erhältst du 5.000 Schekel.**

Jerupolis **EREIGNISKARTE**

Du hast einen entscheidenden Hinweis für die Ergreifung Johannes des Täufers gegeben.

→ **4.000 Schekel Belohnung aus der Zollstation.**

Jerupolis **ZOLLSCHEIN**

Jesus ist auferstanden und trifft zwei Jünger auf dem Weg nach Emmaus.

→ **Die Spieler/innen mit gelben, blauen oder grünen Spielfiguren gehen auf das Feld „Emmaus“**

Jerupolis – Spielgeld (10 Schekel)

Schekel Jerupolis Schekel 10 Schekel Jerupolis Schekel	Schekel Jerupolis Schekel 10 Schekel Jerupolis Schekel
Schekel Jerupolis Schekel 10 Schekel Jerupolis Schekel	Schekel Jerupolis Schekel 10 Schekel Jerupolis Schekel
Schekel Jerupolis Schekel 10 Schekel Jerupolis Schekel	Schekel Jerupolis Schekel 10 Schekel Jerupolis Schekel
Schekel Jerupolis Schekel 10 Schekel Jerupolis Schekel	Schekel Jerupolis Schekel 10 Schekel Jerupolis Schekel
Schekel Jerupolis Schekel 10 Schekel Jerupolis Schekel	Schekel Jerupolis Schekel 10 Schekel Jerupolis Schekel
Schekel Jerupolis Schekel 10 Schekel Jerupolis Schekel	Schekel Jerupolis Schekel 10 Schekel Jerupolis Schekel

Jerupolis – Spielgeld (20 Schekel)

Schekel Jerupolis Schekel **20** Schekel Jerupolis Schekel	Schekel Jerupolis Schekel **20** Schekel Jerupolis Schekel
Schekel Jerupolis Schekel **20** Schekel Jerupolis Schekel	Schekel Jerupolis Schekel **20** Schekel Jerupolis Schekel
Schekel Jerupolis Schekel **20** Schekel Jerupolis Schekel	Schekel Jerupolis Schekel **20** Schekel Jerupolis Schekel
Schekel Jerupolis Schekel **20** Schekel Jerupolis Schekel	Schekel Jerupolis Schekel **20** Schekel Jerupolis Schekel
Schekel Jerupolis Schekel **20** Schekel Jerupolis Schekel	Schekel Jerupolis Schekel **20** Schekel Jerupolis Schekel
Schekel Jerupolis Schekel **20** Schekel Jerupolis Schekel	Schekel Jerupolis Schekel **20** Schekel Jerupolis Schekel

Jerupolis – Spielgeld (100 Schekel)

Schekel Jerupolis Schekel **100** Schekel Jerupolis Schekel	Schekel Jerupolis Schekel **100** Schekel Jerupolis Schekel
Schekel Jerupolis Schekel **100** Schekel Jerupolis Schekel	Schekel Jerupolis Schekel **100** Schekel Jerupolis Schekel
Schekel Jerupolis Schekel **100** Schekel Jerupolis Schekel	Schekel Jerupolis Schekel **100** Schekel Jerupolis Schekel
Schekel Jerupolis Schekel **100** Schekel Jerupolis Schekel	Schekel Jerupolis Schekel **100** Schekel Jerupolis Schekel
Schekel Jerupolis Schekel **100** Schekel Jerupolis Schekel	Schekel Jerupolis Schekel **100** Schekel Jerupolis Schekel
Schekel Jerupolis Schekel **100** Schekel Jerupolis Schekel	Schekel Jerupolis Schekel **100** Schekel Jerupolis Schekel

Jerupolis – Spielgeld (200 Schekel)

Schekel Jerupolis Schekel **200** Schekel Jerupolis Schekel	Schekel Jerupolis Schekel **200** Schekel Jerupolis Schekel
Schekel Jerupolis Schekel **200** Schekel Jerupolis Schekel	Schekel Jerupolis Schekel **200** Schekel Jerupolis Schekel
Schekel Jerupolis Schekel **200** Schekel Jerupolis Schekel	Schekel Jerupolis Schekel **200** Schekel Jerupolis Schekel
Schekel Jerupolis Schekel **200** Schekel Jerupolis Schekel	Schekel Jerupolis Schekel **200** Schekel Jerupolis Schekel
Schekel Jerupolis Schekel **200** Schekel Jerupolis Schekel	Schekel Jerupolis Schekel **200** Schekel Jerupolis Schekel
Schekel Jerupolis Schekel **200** Schekel Jerupolis Schekel	Schekel Jerupolis Schekel **200** Schekel Jerupolis Schekel

Jerupolis – Spielgeld (400 Schekel)

Schekel Jerupolis Schekel **400** Schekel Jerupolis Schekel	Schekel Jerupolis Schekel **400** Schekel Jerupolis Schekel
Schekel Jerupolis Schekel **400** Schekel Jerupolis Schekel	Schekel Jerupolis Schekel **400** Schekel Jerupolis Schekel
Schekel Jerupolis Schekel **400** Schekel Jerupolis Schekel	Schekel Jerupolis Schekel **400** Schekel Jerupolis Schekel
Schekel Jerupolis Schekel **400** Schekel Jerupolis Schekel	Schekel Jerupolis Schekel **400** Schekel Jerupolis Schekel
Schekel Jerupolis Schekel **400** Schekel Jerupolis Schekel	Schekel Jerupolis Schekel **400** Schekel Jerupolis Schekel
Schekel Jerupolis Schekel **400** Schekel Jerupolis Schekel	Schekel Jerupolis Schekel **400** Schekel Jerupolis Schekel

Jerupolis – Spielgeld (1.000 Schekel)

Schekel Jerupolis Schekel **1.000** Schekel Jerupolis Schekel	Schekel Jerupolis Schekel **1.000** Schekel Jerupolis Schekel
Schekel Jerupolis Schekel **1.000** Schekel Jerupolis Schekel	Schekel Jerupolis Schekel **1.000** Schekel Jerupolis Schekel
Schekel Jerupolis Schekel **1.000** Schekel Jerupolis Schekel	Schekel Jerupolis Schekel **1.000** Schekel Jerupolis Schekel
Schekel Jerupolis Schekel **1.000** Schekel Jerupolis Schekel	Schekel Jerupolis Schekel **1.000** Schekel Jerupolis Schekel
Schekel Jerupolis Schekel **1.000** Schekel Jerupolis Schekel	Schekel Jerupolis Schekel **1.000** Schekel Jerupolis Schekel
Schekel Jerupolis Schekel **1.000** Schekel Jerupolis Schekel	Schekel Jerupolis Schekel **1.000** Schekel Jerupolis Schekel

Jerupolis – Spielgeld (2.000 Schekel)

Schekel Jerupolis Schekel
2.000
Schekel Jerupolis Schekel

Schekel Jerupolis Schekel
2.000
Schekel Jerupolis Schekel

Schekel Jerupolis Schekel
2.000
Schekel Jerupolis Schekel

Schekel Jerupolis Schekel
2.000
Schekel Jerupolis Schekel

Schekel Jerupolis Schekel
2.000
Schekel Jerupolis Schekel

Schekel Jerupolis Schekel
2.000
Schekel Jerupolis Schekel

Schekel Jerupolis Schekel
2.000
Schekel Jerupolis Schekel

Schekel Jerupolis Schekel
2.000
Schekel Jerupolis Schekel

Schekel Jerupolis Schekel
2.000
Schekel Jerupolis Schekel

Schekel Jerupolis Schekel
2.000
Schekel Jerupolis Schekel

Schekel Jerupolis Schekel
2.000
Schekel Jerupolis Schekel

Schekel Jerupolis Schekel
2.000
Schekel Jerupolis Schekel

Jerupolis – Spielgeld (10.000 Schekel)

Schekel Jerupolis Schekel

10.000

Schekel Jerupolis Schekel

Schekel Jerupolis Schekel

10.000

Schekel Jerupolis Schekel

Schekel Jerupolis Schekel

10.000

Schekel Jerupolis Schekel

Schekel Jerupolis Schekel

10.000

Schekel Jerupolis Schekel

Schekel Jerupolis Schekel

10.000

Schekel Jerupolis Schekel

Schekel Jerupolis Schekel

10.000

Schekel Jerupolis Schekel

Schekel Jerupolis Schekel

10.000

Schekel Jerupolis Schekel

Schekel Jerupolis Schekel

10.000

Schekel Jerupolis Schekel

Schekel Jerupolis Schekel

10.000

Schekel Jerupolis Schekel

Schekel Jerupolis Schekel

10.000

Schekel Jerupolis Schekel

Schekel Jerupolis Schekel

10.000

Schekel Jerupolis Schekel

Schekel Jerupolis Schekel

10.000

Schekel Jerupolis Schekel

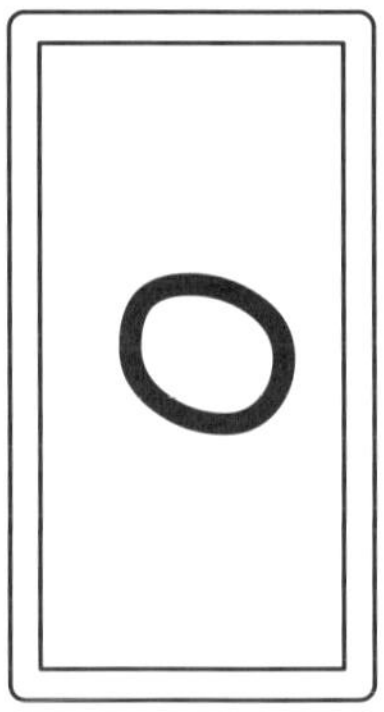

KOMPASS

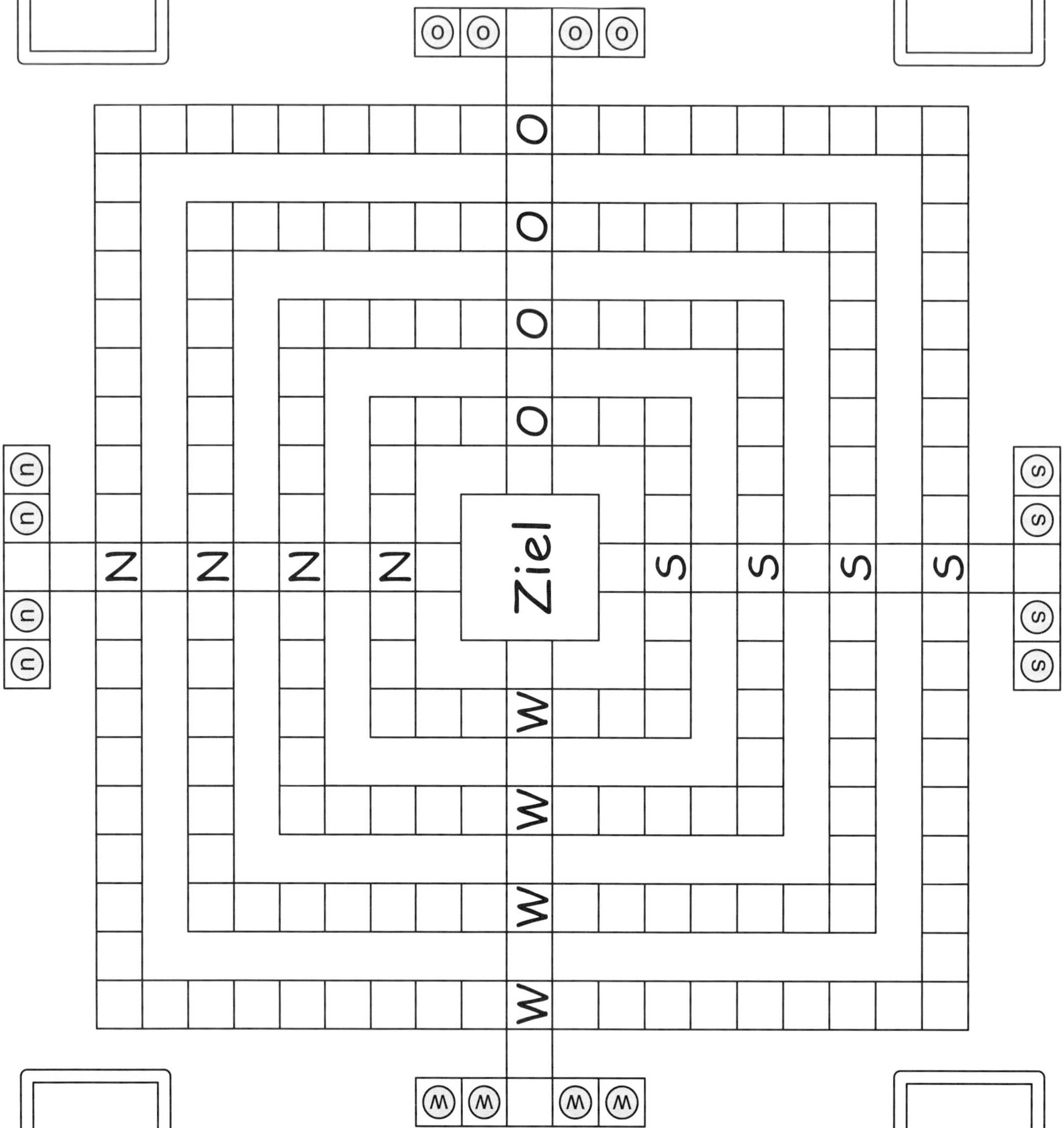

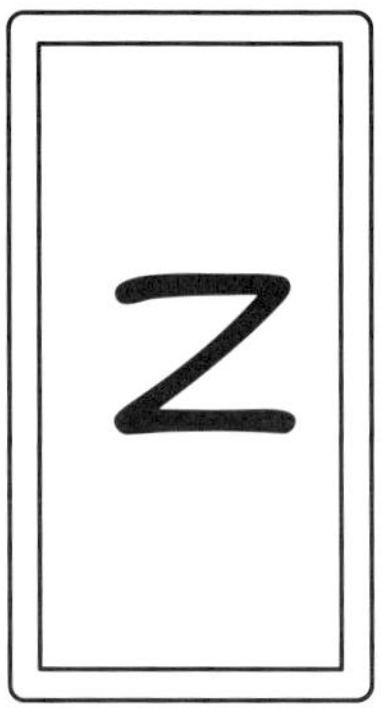

KOMPASS

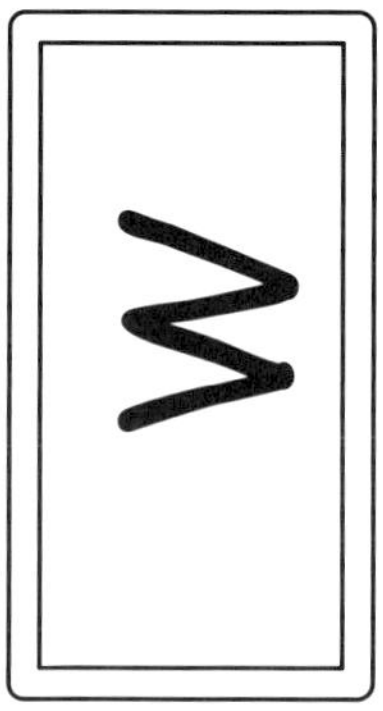

Kompass

Vorbereitung, Spielregeln, Gestaltung

ab Klasse 4

Spielmaterial

Für das Spiel: Ein Spielplan „Kompass" (DIN A3), je vier Spielfiguren in den Farben rot, gelb, blau und schwarz, ein Würfel und viele Frage- und Ereigniskarten.

Für die Gestaltung des Spiels: Ein leerer Spielplan, Farbstifte (besonders rot, gelb, blau und schwarz), eine passende Prospekthülle.

Vorbereitung

Vor dem Spiel muss der **Spielplan** wie folgt ausgemalt werden:

Alle Felder mit einem **N** bzw. **n im grauen Kreis** werden mit blauen Farben (Farbtönen) ausgemalt. Alle Felder mit einem **O** bzw. **o im grauen Kreis** werden mit roten Farben (Farbtönen) ausgemalt. Alle Felder mit einem **S** bzw. **s im grauen Kreis** werden mit gelben Farben (Farbtönen) ausgemalt und alle Felder mit einem **W** bzw. **w im grauen Kreis** werden schwarz und grau ausgemalt.

Der restliche Spielplan kann nach eigenem Geschmack gestaltet werden. Der fertige Spielplan wird laminiert bzw. in eine Prospekthülle geschoben.

Die **Frage- und Ereigniskarten** werden kopiert, ausgeschnitten und mit der Schrift nach unten als Talon auf die entsprechenden Felder abgelegt. Wie an anderer Stelle schon angeführt, ist es auch hier möglich, eigene Frage- und Ereigniskarten mit Hilfe der Blankovorlage herzustellen.

Spielverlauf

Es spielen bis zu 4 Spieler/innen miteinander. Alle Spieler/innen stellen ihre vier Spielfiguren in die ihrer Farbe entsprechenden Startfelder (= die Felder mit den kleinen Buchstaben im grauen Kreis).

Es beginnt der Spieler, der heute den weitesten Hinweg hatte.

Gewürfelt wird im Uhrzeigersinn.

Geschlagen wird nicht. Es dürfen mehrere Spieler/innen auf einem Feld stehen.

Bei einer 6 darf man noch einmal würfeln, muss aber nicht. Wenn aber gewürfelt wurde, muss man die gesamte Summe der Augenzahlen gehen.

Man zieht seine Figur entsprechend der erwürfelten Augenzahl. Die Laufrichtung darf nach dem Würfeln selbst bestimmt werden, da man auf ein Buchstabenfeld gelangen muss, um in das nächste Innenquadrat zu gelangen. Innerhalb eines Zuges – auch, wenn nach einer 6 noch einmal gewürfelt wurde – darf die Laufrichtung nicht gewechselt werden.

Beispiel: Ein Spieler, der zuletzt im Uhrzeigersinn lief, steht im letzten Innenquadrat 5 Felder hinter dem **N** und ein Feld vor dem **O**. Er würfelt eine 5 und darf gegen den Uhrzeigersinn auf das **N**-Feld ziehen.

Um in das nächste **Innenquadrat** zu gelangen, muss man auf einem der **vier Buchstabenfelder** (**N**, **O**, **S** oder **W**) zum Stehen kommen. Sobald dies der Fall ist, wird vom rechts sitzenden Spieler eine Frage- und Ereigniskarte vom passenden Talon gezogen und die Aufgabe bzw. Frage vorgelesen. Hat der Spieler die Frage richtig beantwortet, darf er in der folgenden Runde im nächst inneren Quadrat weiterziehen. Gelang es ihm nicht, so darf er sich entscheiden, ob er würfelt, um auf ein neues Buchstabenfeld zu gelangen oder sein rechter Spieler darf in der nächsten Runde eine neue Karte ziehen. Man darf auf einem Buchstabenfeld nur zwei Runden hintereinander stehen. D. h. nach der zweiten Frage- und Ereigniskarte muss man das Feld verlassen. Ausnahme: Auf den letzten 4 Buchstabenfeldern vor dem Ziel darf man so lange stehen wie man möchte.

Wenn ein Spieler auf ein Buchstabenfeld seiner eigenen Farbe kommt, muss er keine Frage- und Ereigniskarte ziehen, sondern kann in der folgenden Runde direkt in das nächste Innenquadrat ziehen.

Bereits verwendete Ereigniskarten werden unter den Stapel geschoben. Aufgebrauchte Kartenstapel werden neu gemischt und wieder ausgelegt.

Ziel des Spiels

Wer zuerst mit einer genau erwürfelten Augenzahl das Ziel erreicht, hat das Spiel gewonnen.

Kompass – Blankokarten (Norden und Osten)

N KOMPASS

O KOMPASS

N KOMPASS

O KOMPASS

N KOMPASS

O KOMPASS

N KOMPASS

O KOMPASS

N KOMPASS

O KOMPASS

N = Bibel   O = Kirchenjahr   S = Gemeinde/Kirche   W = Religion allgemein

Kompass – Blankokarten (Süden und Westen)

S KOMPASS

W KOMPASS

S KOMPASS

W KOMPASS

S KOMPASS

W KOMPASS

S KOMPASS

W KOMPASS

S KOMPASS

W KOMPASS

N = Bibel   O = Kirchenjahr   S = Gemeinde/Kirche   W = Religion allgemein

Kompass – Kartenset 1

N KOMPASS

Wie heißt der erste Mörder in der Bibel und wer war sein Opfer?

Kain erschlug seinen Bruder Abel

O KOMPASS

Nenne drei Feiertage des Osterfestkreises!

Aschermittwoch, Palmsonntag, Gründonnerstag, Karfreitag, Karsamstag, Ostern, Chr. Himmelfahrt, Pfingsten …

N KOMPASS

In welcher Sprache wurde das Alte Testament geschrieben?

Hebräisch

O KOMPASS

Was bedeutet das Wort „Pfingsten“?

Der 50. Tag

N KOMPASS

Wer ist die Hauptperson im Neuen Testament?

Jesus

O KOMPASS

Wie heißen die drei Heiligen Könige?

Caspar – Melchior – Balthasar

N KOMPASS

Worauf schrieben die ersten Autoren der Bibel?

Papyrus und Pergament (Tierhäute, Schriftrollen)

O KOMPASS

Was feiert man an Maria Lichtmess?

Die Beschneidung Jesu im Tempel

N KOMPASS

In welcher Stadt wurde Jesus gekreuzigt?

In Jerusalem

O KOMPASS

An welchem Datum wird das Reformationsfest gefeiert?

Am 31. Oktober

N = Bibel O = Kirchenjahr S = Gemeinde/Kirche W = Religion allgemein

Kompass – Kartenset 1

S KOMPASS

Wo kann man die Gottesdienstzeiten nachlesen?

Im Pfarrbrief oder am Aushang

W KOMPASS

Was heißt „Religion“?

Verbindung mit Gott

S KOMPASS

Wer leitet die katholische Gemeinde?

Der Pfarrer/Priester

W KOMPASS

Woher stammt der Begriff „Protestantismus“?

Von protestieren (gegen die Kirche)

S KOMPASS

Was ist ein Ministrant?

Ein Messdiener

W KOMPASS

Welche Weltreligion hat die meisten Anhänger?

Das Christentum

S KOMPASS

Wie nannte man die ersten christlichen Gemeinden kurz nach Jesu Tod und Auferstehung?

Urgemeinde, Urkirche, frühe Kirche

W KOMPASS

In welchem Land wirkte Sankt Martin?

Frankreich

S KOMPASS

Was ist ein Bistum?

Der Zusammenschluss vieler Pfarreien unter einem Bischof

W KOMPASS

Wer war Siddharta Gautama?

Begründer des Buddhismus, Buddha

N = Bibel   O = Kirchenjahr   S = Gemeinde/Kirche   W = Religion allgemein

Kompass – Kartenset 2

N KOMPASS

J O K E R

Ein Feld weitergehen

O KOMPASS

J O K E R

2 Felder weitergehen

N KOMPASS

N I E T E

Eine Runde aussetzen

O KOMPASS

N I E T E

2 Runden aussetzen

N KOMPASS

Wer war Metuschelach –
a) der älteste b) der dickste
c) der reichste Mann der Bibel?

a) der älteste

O KOMPASS

Was ist Laetare –
a) ein Marienfest b) ein Heiligenfest
c) ein Fastensonntag?

c) ein Fastensonntag

N KOMPASS

Wie viele Bücher hat die
Einheitsübersetzung der Bibel –
a) 73 b) 66 c) 56 Bücher?

a) 73 Bücher

O KOMPASS

Was wird am 11. November gefeiert?

Sankt Martin

N KOMPASS

In welchem Verhältnis standen Jakob und
Esau zueinander?

Sie waren Zwillingsbrüder

O KOMPASS

Welche Farbe trägt der katholische
Pfarrer in der Fastenzeit?

Violett

N = Bibel O = Kirchenjahr S = Gemeinde/Kirche W = Religion allgemein

Kompass – Kartenset 2

S KOMPASS

JOKER

1 Feld weitergehen

W KOMPASS

JOKER

3 Felder weitergehen

S KOMPASS

NIETE

Gehe 5 Felder zurück

W KOMPASS

NIETE

Gehe 3 Felder zurück

S KOMPASS

Was ist ein Schisma –
a) eine Kirchenspaltung b) eine Todsünde
c) ein Teil vom Priestergewand?

a) eine Kirchenspaltung

W KOMPASS

Was ist die Menora –
a) der Heiligenschein b) der 7-armige Leuchter der Juden c) ein Amulett?

b) der 7-armige Leuchter der Juden

S KOMPASS

Was heißt Eucharistie –
a) Gemeinschaft b) Liebesmahl
c) Danksagung?

c) Danksagung

W KOMPASS

In welcher Religion ist Mekka eine heilige Stadt?

Im Islam

S KOMPASS

Was heißt Kommunion –
a) Gemeinschaft b) Abendmahl
c) Heiliges Brot?

a) Gemeinschaft

W KOMPASS

In welchen Religionen glaubt man an die Wiedergeburt?

Buddhismus und Hinduismus

N = Bibel O = Kirchenjahr S = Gemeinde/Kirche W = Religion allgemein

Kompass – Kartenset 3

N KOMPASS

GLÜCKSTREFFER

Noch zweimal würfeln und einen Kreis weiter innen laufen

N KOMPASS

Wie nennt die Bibel das Paradies?

Garten Eden

N KOMPASS

Welcher biblischer König hatte über 1.000 Nebenfrauen – a) König Saul b) König David oder c) König Salomo?

c) König Salomo

N KOMPASS

Von welchem König stammen die meisten Psalmen des Alten Testaments?

Von König David

N KOMPASS

Welches Buch ist das letzte Buch der christlichen Bibel?

Die Offenbarung des Johannes

O KOMPASS

PECHSTRÄHNE

Zweimal würfeln und zurück gehen

O KOMPASS

Wenn du zwei Ostersymbole kennst, darfst du noch einmal würfeln.

Lamm, Küken, Hahn, Huhn, Kalb, Hase, Ei, Kreuz, die Farbe Weiß …

O KOMPASS

Wie nennt man die Anhänger des Hinduismus?

Hindustani, Hindus

O KOMPASS

Wofür wurde Sankt Martin ein Vorbild?

Für das Teilen und Helfen

O KOMPASS

In welchem Monat ist der Reformationstag?

Im Oktober

N = Bibel O = Kirchenjahr S = Gemeinde/Kirche W = Religion allgemein

Kompass – Kartenset 3

S KOMPASS

GLÜCKSTREFFER

Tausche mit einem Mitspieler deiner Wahl die Plätze

W KOMPASS

PECHSTRÄHNE

Gehe einen Kreis weiter nach außen

S KOMPASS

Was ist ein Kardinal – a) ein hoher katholischer Priester b) eine große Kirche oder c) ein Klostervorsteher?

a) ein hoher katholischer Priester

W KOMPASS

Was sind die Kreuzzüge?

Kriegszüge des Mittelalters mit dem Ziel, das Heilige Land von muslimischer Herrschaft zu befreien

---

S KOMPASS

Wenn du 3 Gegenstände in einer Kirche weißt, kannst du drei Felder vor gehen.

Altar, Kelch, Kreuz, Heiligenstatue, Bibel, Orgel, Osterkerze, Schellen, Blumen, Lesepult …

W KOMPASS

In welcher Religion gibt es heilige Kühe?

Im Hinduismus

S KOMPASS

Wenn du drei Bestandteile eines Kirchengebäudes weißt, kannst du noch einmal würfeln.

Kirchturm, Kirchendach, Kirchenschiff, Portal, Altarraum, Säulen, bunte Glasfenster, Pfeiler …

W KOMPASS

In welchen Religionen gibt es die Beschneidung?

Judentum und Islam

S KOMPASS

In welcher Stadt steht der Petersdom?

In Rom (Italien)

W KOMPASS

Welches Volk verehrte den Sonnengott Re?

Die alten Ägypter

N = Bibel O = Kirchenjahr S = Gemeinde/Kirche W = Religion allgemein

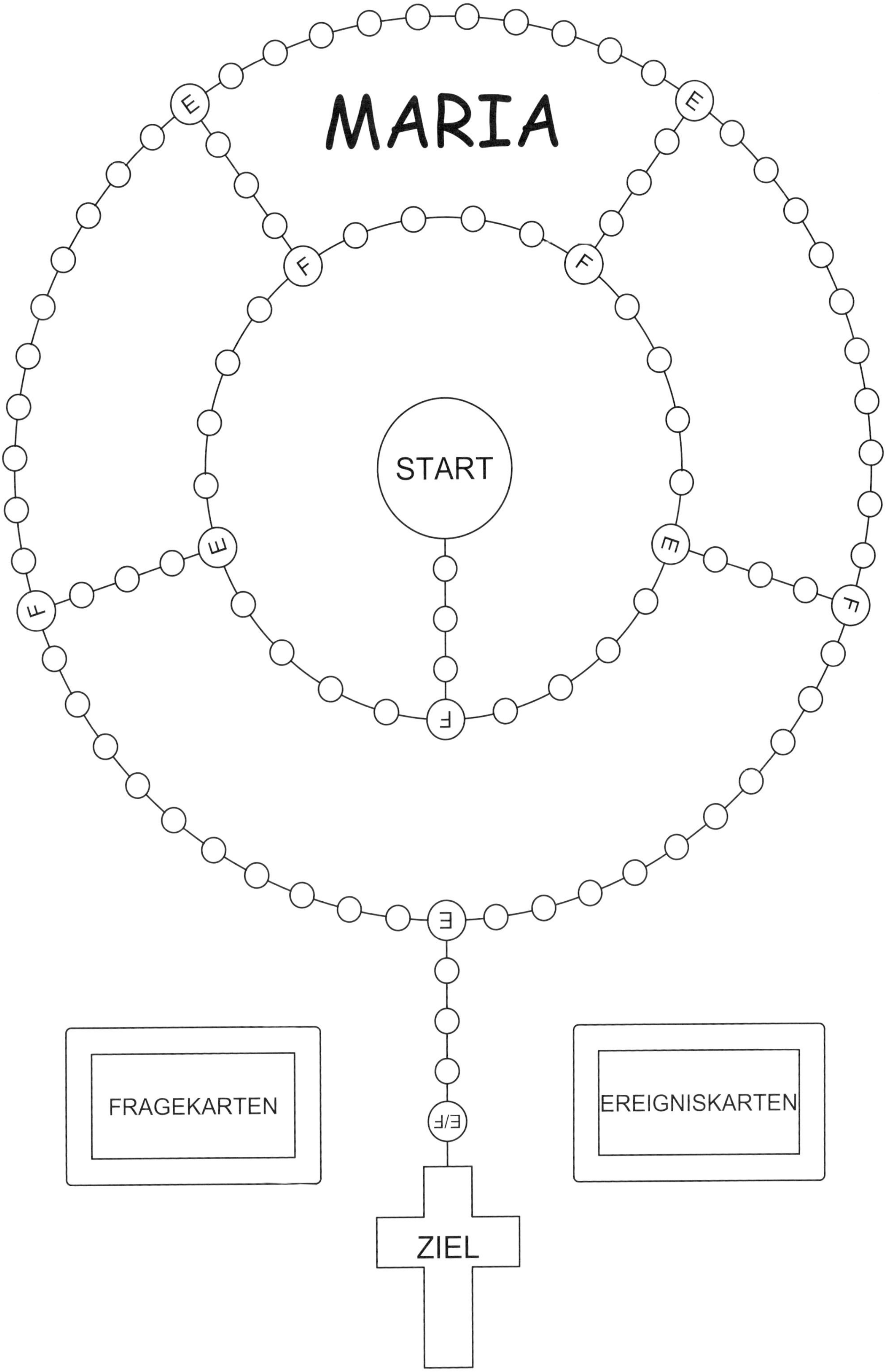
MARIA
E
E
F
F
START
E
E
F
F
F
E
FRAGEKARTEN
ERIGNISKARTEN
E/F
ZIEL

Maria

Vorbereitung, Spielregeln, Gestaltung

ab Klasse 3

Spielmaterial

Für das Spiel: 1 leerer Spielplan „Maria" (DIN A3), 1 Würfel, Ereignis- und Fragekarten und je eine Spielfigur pro Spieler/in, ein Notizzettel mit Stift.

Für die Gestaltung des Spiels: 1 leerer Spielplan (DIN A3), farbige Stifte, eine Prospekthülle (DIN A3).

Vorbereitung

Der Spielplan wird auf DIN A3 vergrößert.

Der Spielplan wird nach eigenem Geschmack ausgemalt. Man kann zusätzlich passende Bilder auf den Spielplan zeichnen oder kleben. Wenn der Spielplan fertig ist, kann er auf eine DIN A3-Pappe geklebt und in eine passende Prospekthülle geschoben werden.

Die **Ereignis- und Fragekarten** können auf Pappe bzw. auf Papier kopiert werden, das auf Pappe (kleine Karteikarten) geklebt wird. Anschließend müssen die Karten noch ausgeschnitten werden. Mit Hilfe der Blankovorlage können weitere Karten hergestellt werden.

Spielverlauf

Es sollten nicht mehr als 6 Spieler/innen miteinander spielen, da es sonst zu lange dauert, bis jeder dran kommt.

Alle Spieler/innen stellen ihre Figuren in das runde Startfeld in der Mitte des Rosenkranzes. Von dort aus geht es nach links im Uhrzeigersinn weiter, bis man im Ziel (= das Kreuz) angekommen ist.

Die **Ereignis- und Fragekarten** werden gemischt und als verdeckter Stapel auf den entsprechenden Flächen des Spielplanes abgelegt.

Der Spieler, in dessen Verwandtschaft (Schwestern, Mütter, Cousinen, Großmütter, Tanten) eine Maria lebt, fängt mit dem Würfeln an. Bei mehreren „Marias" muss ausgewürfelt werden (bei Uneinigkeit fängt das jüngste Kind an).

Es wird reihum im Uhrzeigersinn gewürfelt. Bei einer 6 darf man nicht noch einmal würfeln.

Auf den **kleinen Perlen** wird nicht geschlagen.

Wenn ein Spieler auf eine **große Perle** gelangt, auf der kein weiterer Spieler steht, dann muss er eine **Ereignis- oder Fragekarte** ziehen und den dort stehenden Anweisungen folgen. Die großen Perlen sind mit Buchstaben gekennzeichnet: Eine Ereigniskarte muss bei einer Perle mit einem „**E**" gezogen werden, eine Fragekarte bei einer Perle mit einem „**F**". Die letzte Perle vor dem Kreuz enthält ein „**E**" und ein „**F**". Wer hier hält, darf sich entscheiden, ob er eine Ereignis- oder eine Fragekarte ziehen möchte. Eine gezogene Karte wird nach Gebrauch unter den Stapel gelegt. Aufgebrauchte Kartenstapel werden neu gemischt und wieder ausgelegt. Für jede richtig beantwortete Frage erhält der Spieler zusätzlich soviele Punkte, wie auf der Fragekarte notiert sind. Die Punkte werden notiert.

Danach geht es im Uhrzeigersinn weiter. Allerdings ist dabei zu beachten:

Kam der Spieler in der letzten Runde auf eine große Perle im Innenkreis, dann kann er über die drei kleinen Perlen auf den Außenkreis ziehen. Kam der Spieler jedoch auf eine große Perle im Außenkreis, muss er nicht in den Innenkreis zurück, sondern kann weiter auf dem Außenkreis bleiben.

Wenn zwei Spieler/innen sich auf einer großen Perle treffen, dann muss der Spieler, der auf der Perle stand, auf die nächste Perle in den Innen- oder den Außenkreis rutschen. Das ist also auf dem Innenkreis ein Vorteil für den Spieler, der zuerst auf der großen Perle stand, jedoch sein Nachteil, wenn er von außen nach innen geschickt wird, da er dann erst bei der nächsten großen Perle wieder in den Außenkreis laufen darf.

In diesem Fall muss man keine Ereignis- oder Fragekarte ziehen!

Ziel des Spiels

Der Spieler, der mit den meisten Punkten das Kreuz (Ziel) erreicht, ist Gewinner des Spiels. Das Ziel muss mit einer passenden Augenzahl getroffen werden.

Maria – Blankokarten

MARIA	Ereigniskarte

MARIA	Fragekarte

MARIA	Ereigniskarte

MARIA	Fragekarte

MARIA	Ereigniskarte

MARIA	Fragekarte

MARIA	Ereigniskarte

MARIA	Fragekarte

MARIA	Ereigniskarte

MARIA	Fragekarte

Maria – Kartenset 1

MARIA	Ereigniskarte
Setze einmal mit dem Würfeln aus!	

MARIA	Fragekarte
Wenn du weißt, in welchem Monat Maria Lichtmess gefeiert wird, darfst du noch einmal würfeln. Antwort: Februar (2 Punkte)	

MARIA	Ereigniskarte
Gehe bis zur nächsten großen Perle und würfle einmal. Wenn du eine 1, 2 oder 3 gewürfelt hast, dann gehe im Außenkreis weiter. Wenn du eine 4, 5 oder 6 gewürfelt hast, dann gehe im Innenkreis weiter.	

MARIA	Fragekarte
Welches Gebet wird bei einer großer Perle des Rosenkranzes gesprochen? Antwort: Das Vaterunser (1 Punkt) Bei richtiger Antwort: 5 Felder vor Bei falscher Antwort: Stehen bleiben	

MARIA	Ereigniskarte
Tausche mit einem Spieler deiner Wahl deine Spielfigur!	

MARIA	Fragekarte
Wie viele Perlen hat der Rosenkranz insgesamt? Antwort: 59 Perlen (4 Punkte) Bei richtiger Antwort: 3 Felder vor Bei falscher Antwort: Stehen bleiben	

MARIA	Ereigniskarte
Gehe zum Start zurück!	

MARIA	Fragekarte
Wie hieß der Engel, der Maria die Geburt Jesu verkündete? Antwort: Gabriel (1 Punkt) Bei richtiger Antwort: 2 Felder vor Bei falscher Antwort: 5 Felder zurück	

MARIA	Ereigniskarte
Gehe im Innenkreis gegen den Uhrzeigersinn weiter, bis du auf der nächsten großen Perle stehen bleibst. Dort brauchst du keine Karte zu ziehen, um weiterzukommen	

MARIA	Fragekarte
Welcher Brauch findet an Maria Himmelfahrt statt? Antwort: Die Kräuterweihe (3 Punkte) Bei richtiger Antwort: Noch einmal würfeln Bei falscher Antwort: Einmal würfeln und rückwärts gehen	

Maria – Kartenset 2

MARIA	Ereigniskarte
Marias zweiter Sohn hat Geburtstag. Gehe 5 Felder vor	

MARIA	Fragekarte
In welchem Monat wird Maria Geburt gefeiert? 4. September (4 Punkte)	

MARIA	Ereigniskarte
Es ist Maria Himmelfahrt und du suchst im Garten Kräuter für die Kräuterweihe zusammen. Eine Runde aussetzen	

MARIA	Fragekarte
Wie hieß Marias ältester Sohn? Jesus (1 Punkt)	

MARIA	Ereigniskarte
Es ist Maria Lichtmess und du willst zur Lichterprozession gehen. Noch einmal würfeln	

MARIA	Fragekarte
Welcher Gegenstand, den nicht nur Katholiken verwenden, besteht aus einem Kreuz, einigen großen und vielen kleinen Perlen? Der Rosenkranz (2 Punkte)	

MARIA	Ereigniskarte
Maria räumt die Werkstatt von Josef auf. 2 Runden aussetzen	

MARIA	Fragekarte
In welchem Dorf hat Maria ihren Sohn aufgezogen? In Nazaret (2 Punkte)	

MARIA	Ereigniskarte
Maria ist ganz aufgeregt, weil ihr gerade ein Engel erschienen ist. Sie läuft schnell zu Josef. Zweimal würfeln	

MARIA	Fragekarte
Nenne einen Mariennamen! Himmelskönigin, Mutter Gottes, Jungfrau Maria … (1 Punkt)	

Maria – Kartenset 3

MARIA	Ereigniskarte

In einem Museum gefällt dir eine Statue mit einer Mariendarstellung.

Wenn du pantomimisch eine Marienstatue dargestellt hast, kannst du noch einmal würfeln

MARIA	Fragekarte

Wie nennt man eine Darstellung der Mutter Maria mit ihrem Kind?

Antwort: Madonna (2 Punkte)
Bei richtiger Antwort: 4 Felder vor
Bei falscher Antwort: 4 Felder zurück

MARIA	Ereigniskarte

Gehe zum Lehrer/zur Lehrerin und singe ihr ein Marienlied vor!

MARIA	Fragekarte

Wie bezeichnete sich Maria in ihrer Beziehung zu Gott?

Antwort: Als Magd des Herrn (3 Punkte)

MARIA	Ereigniskarte

Du hast um 12 Uhr mittags auf das Angelus-Läuten geachtet.

Zeichne eine Glocke auf einen Zettel und schneide sie aus

MARIA	Fragekarte

Wie nennt man einen Mariengottesdienst im Mai?

Antwort: Die Maiandacht (2 Punkte)

MARIA	Ereigniskarte

Du bist freiwillig zu einer Maiandacht gegangen.

Noch zweimal würfeln

MARIA	Fragekarte

Wie lautet der jüdische Name von Maria?

Antwort: Mirjam (4 Punkte)
Bei richtiger Antwort: 1 Feld vor
Bei falscher Antwort: 2 Felder zurück

MARIA	Ereigniskarte

Zeichne ein Mariensymbol auf einen Zettel.

Mögliche Bilder: Rose, Lilie, Dornenstrauch, Palme, Krone, Zypresse, Mondsichel …

MARIA	Fragekarte

In welchem Land liegt der Marienwallfahrtsort Lourdes?

Antwort: In Frankreich (2 Punkte)
Bei richtiger Antwort: Noch einmal würfeln
Bei falscher Antwort: Einmal aussetzen

Maria – Kartenset 4

MARIA	Ereigniskarte
Du bist an Maria Lichtmess in der Kirche gewesen und hast an der Lichterprozession teilgenommen. Wenn du eine Kerze darstellen kannst, darfst du 3 Felder vor	

MARIA	Fragekarte
An welchem Tag feiert man das Hochfest der Gottesmutter Maria? Antwort: Am 1. Januar bzw. Neujahr (4 Punkte) Bei richtiger Antwort: 8 Felder vor Bei falscher Antwort: Dreimal aussetzen	

MARIA	Ereigniskarte
Du warst am 22. August in der Kirche, um das Fest „Maria Königin“ zu feiern. Wenn du eine Königin vorgespielt hast, kannst du 5 Felder vor	

MARIA	Fragekarte
Was wird am 25. März gefeiert? Antwort: Verkündigung des Herrn (3 Punkte)	

MARIA	Ereigniskarte
Du warst am 21. November in der Kirche, um das Fest Maria Darstellung zu feiern. Noch einmal würfeln	

MARIA	Fragekarte
Was wird am 7. Oktober gefeiert? Antwort: Das Rosenkranzfest (4 Punkte) Bei richtiger Antwort: 2 Felder vor Bei falscher Antwort: 1 Feld zurück	

MARIA	Ereigniskarte
Du willst deine neue Puppe nach Maria benennen und schwankst zwischen Mia, Mara und Mirjam. Wähle einen Namen! Wahl von Mia: 3 Felder vor; Wahl von Mara: 4 Felder vor; Wahl von Mirjam: 6 Felder vor	

MARIA	Fragekarte
Nenne den englischen Namen von Maria! Antwort: Mary (1 Punkt)	

MARIA	Ereigniskarte
Dein Freund (deine Freundin) ist protestantisch, kommt aber mit zur Maiandacht. Gehe mit einem Partner deiner Wahl jeweils 3 Felder vor	

MARIA	Fragekarte
Wer wird auf den Darstellungen vom Tod Mariens häufig auf Gemälden dargestellt? Antwort: Jesus → 1 Feld vor (1 Punkt) Antwort: Die Apostel (Jünger) → 2 Felder vor (2 Punkte) Antwort: Jesus + Apostel → 3 Felder vor (3 Punkte) Antwort falsch: 4 Felder zurück	

Maria – Kartenset 5

MARIA	Ereigniskarte
Du hast bei deinem Freund (deiner Freundin) gespielt und aus Versehen einen Rosenkranz zerrissen. Gehe mit einem Partner deiner Wahl 5 Felder zurück	

MARIA	Fragekarte
In welchem Land liegt der Marienwallfahrtsort Tschenstochau? Antwort: In Polen (2 Punkte)	

MARIA	Ereigniskarte
Du hast an einer Marienwallfahrt teilgenommen. Einmal um die Klasse gehen und zur nächsten großen Perle vorrücken	

MARIA	Fragekarte
Wie nennt man ein Anliegen an Maria? Antwort: Eine Fürbitte (3 Punkte)	

MARIA	Ereigniskarte
Du hast gut bei einem Konzert aufgepasst und gelernt, dass ein Musikstück „Mutter der Schmerzen“ auch „Maria Dolorosa“ genannt wird. Stelle einen großen Schmerz dar und würfle noch einmal	

MARIA	Fragekarte
Wie nennt man den Fachbegriff für die Marienforschung und -lehre? Antwort: Die Mariologie (4 Punkte) Richtig: Mit dem vordersten Spieler den Platz tauschen Falsch: Mit dem letzten Spieler den Platz tauschen	

MARIA	Ereigniskarte
Du hast bei einer Museumsführung gut aufgepasst und gelernt, dass eine trauernde Maria mit dem toten Jesus auf dem Schoß „Pietá“ genannt wird Stelle eine tiefe Trauer dar und gehe 2 Felder vor	

MARIA	Fragekarte
Was bedeutet das Wort „Pietà“ auf deutsch? Antwort: Andacht (4 Punkte) Richtige Antwort: 7 Felder vor Falsche Antwort: 7 Felder zurück	

MARIA	Ereigniskarte
Du hast in Erinnerung an die Darstellung der Schutzmantelmadonna ein Kind beschützt. Zweimal würfeln und die größere Zahl gehen	

MARIA	Fragekarte
Was ist ein Gesätz? Antwort: Ein vollständiges Teilstück des Rosenkranzes (10 Ave Maria + Doxologie) (4 Punkte)	

PACHISI

Pachisi

Vorbereitung, Spielregeln, Gestaltung

ab Klasse 4

Spielmaterial

Für das Spiel: Ein Spielplan „Pachisi“ (DIN A3), je 4 Figuren in den Farben rot, gelb, grün und schwarz, 2 Würfel.

Für die Gestaltung des Spiels: Ein Spielplan (DIN A3), Farbstifte (v. a. rot, gelb, grün, blau), eine leere Prospekthülle (DIN A3).

Vorbereitung

Die Klasse wird in 4er-Gruppen eingeteilt. Bei 4 Spieler/innen gibt es zwei Mannschaften, die gegeneinander spielen (rot + schwarz und gelb + grün). Es können aber auch 2er- und 3er-Gruppen gebildet werden.

Der **Spielplan** kann beliebig gestaltet werden. Er wird allerdings übersichtlicher, wenn jeder der vier Balken des Kreuzes seine eigene Farbe bekommt, nämlich Schwarz und Rot bzw. Grün und Gelb, die sich je gegenüber liegen. Sehr dekorativ sieht ein Schachbrettmuster aus, bei dem eine Grundfarbe (z. B. braun) mit den vier anderen Farben kombiniert wird.

Die **Felder mit dem X** sollten alle gleich ausgemalt werden, z. B. orange.

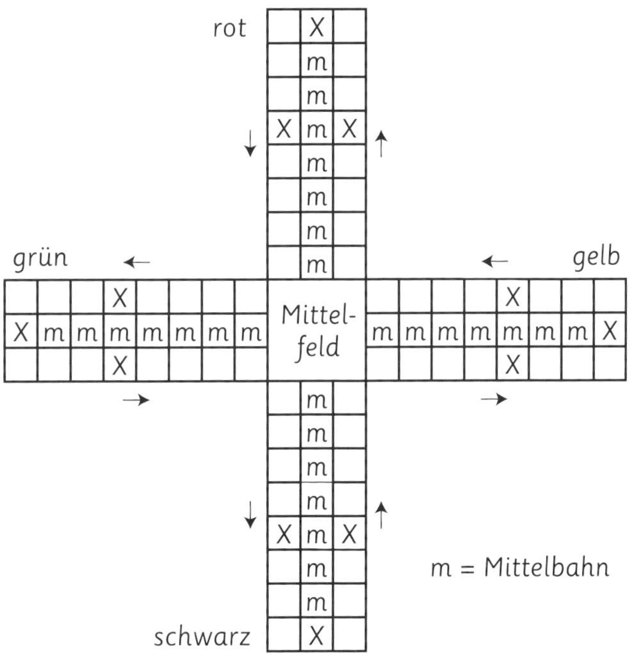

Spielverlauf und Spielregeln

Wissenswertes zu Beginn des Spiels

Das Spiel Pachisi stammt aus Indien und wird seit Jahrhunderten mit Kaurimuscheln oder Stäbchen gespielt. Es ist der Vorläufer des Mensch-ärgere-dich-nicht-Spiels, das die meisten Schüler/innen und Lehrer/innen von klein auf kennen. Hier wird eine Spielvariante mit Würfeln vorgestellt.

Die Spieler/innen stellen ihre 4 Spielfiguren in das **Mittelfeld**. Man kann die Figuren aus dem klassischen Mensch-ärgere-dich-nicht-Spiel verwenden.

Es beginnt immer der Spieler mit den schwarzen Figuren.

Gewürfelt wird mit zwei Würfeln reihum gegen den Uhrzeigersinn. Bei einem Pasch darf noch einmal gewürfelt werden. Es ist erlaubt, die Augenzahlen nach einem Wurf auf zwei Spielfiguren seiner Farbe zu verteilen. Beispiel: Man würfelt eine 5 und eine 3 und darf entweder 8 Felder mit einer Spielfigur oder einmal 5 und einmal 3 Felder mit zwei Figuren ziehen. Man darf auf einen Wurf verzichten.

Die **Laufrichtung** ist auf dem Spielplan eingezeichnet. Jeder Spieler führt seine Figuren zunächst auf seiner Seite über die Mittelbahn aus dem Mittelfeld und zieht dann gegen den Uhrzeigersinn auf den äußeren Feldern weiter.

Das **Ziel** ist wieder das Mittelfeld, das jeder Spieler von seiner Seite her über die Mittelbahn erreichen muss. Wenn es sinnvoll erscheint, darf man auch mehrere Runden ziehen.

Man kann auf allen Feldern von den Gegenspieler/innen geschlagen werden, außer auf den Mittelbahnen der eigenen Farbe und auf den **Festungen** (= die Felder, die mit einem X gekennzeichnet sind). Auf den Festungen dürfen Spielfiguren mehrerer Spieler/innen stehen. Geschlagene Figuren müssen ins Mittelfeld zurück gestellt werden. Wer eine gegnerische Spielfigur schlagen konnte, hat einen Wurf frei.

Zwei oder mehrere Figuren einer Farbe dürfen auf einem Feld stehen und so eine **Blockade** bilden. Wer eine Blockade gebildet hat, darf die Spielfiguren seiner Blockade gemeinsam ziehen. Eine Blockade darf von einer einzelnen Spielfigur weder übersprungen noch geschlagen werden. Allerdings kann eine Blockade von einer gegnerischen Blockade geschlagen werden, sofern sie nicht auf einer Festung steht.

Da man in Gruppen spielt, kann ein Spieler seinem Partner dadurch helfen, dass er Blockaden bildet, die den Gegner behindern. Auch denkbar ist, dass einer die Aufgabe übernimmt, möglichst viele gegnerische Spielfiguren aus der Bahn zu werfen.

Ziel des Spiels

Beim Einzelspiel: Alle Figuren seiner Farbe als Erster rund um das Spielfeld und zurück zur Mitte bringen.

Beim Partnerspiel: Alle Figuren beider Farben einer Gruppe ins Mittelfeld bringen.

Literaturhinweis

Frei nach: Grunfeld, Frederic V. (Hrsg.), Spiele der Welt II, Fischer Taschenbuchverlag GmbH ,Frankfurt 1985.

Und Frieden auf Erden

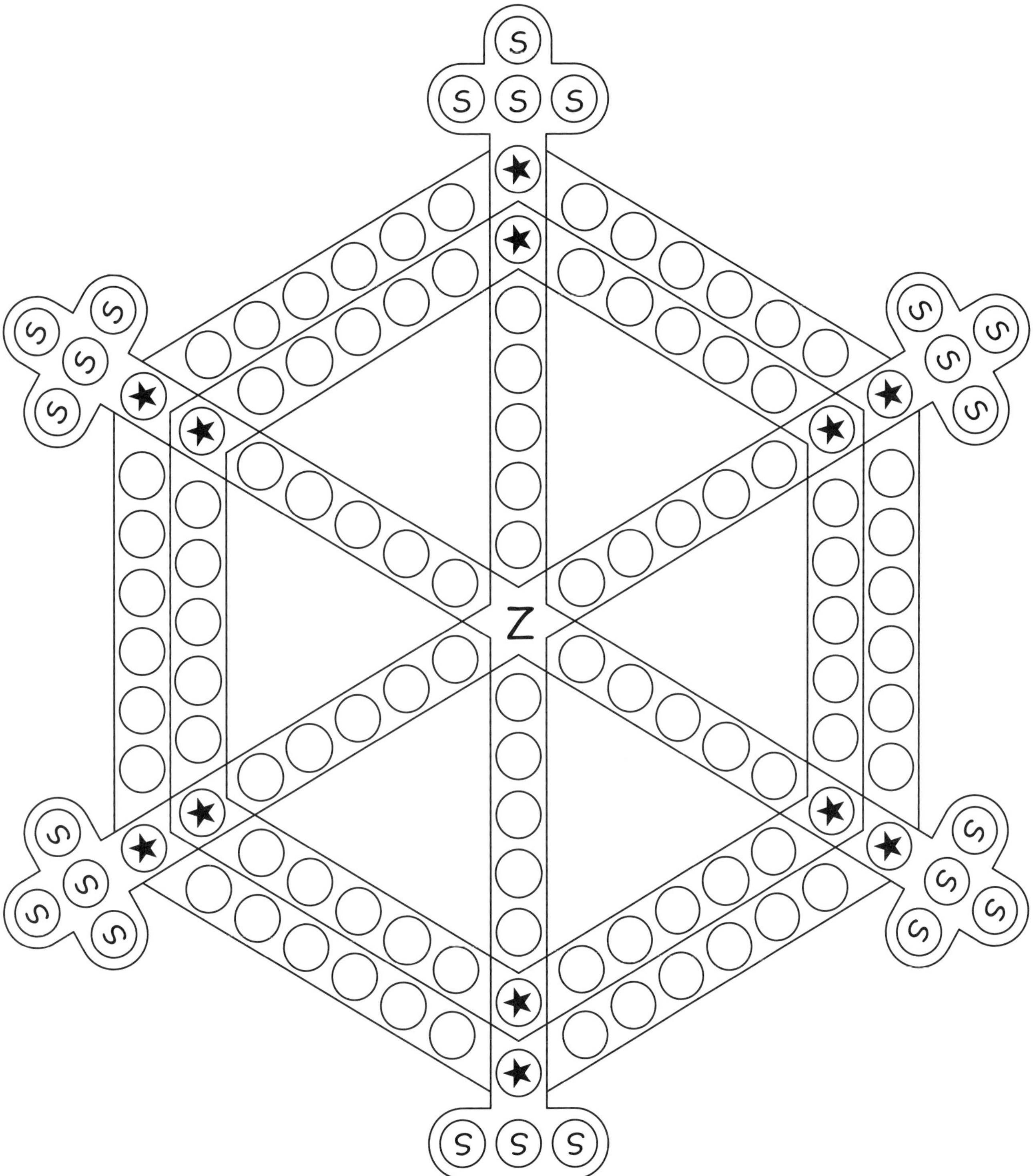

Und Frieden auf Erden

Vorbereitung, Spielregeln, Gestaltung

ab Klasse 1

Spielmaterial

Für das Spiel: Ein leerer Spielplan „Und Frieden auf Erden“ (DIN A3), je vier Spielfiguren pro Spieler/in und ein Würfel.

Für die Gestaltung des Spiels: Ein Spielplan, Farbstifte und eine passende Prospekthülle.

Vorbereitung

Vor dem Spiel muss der Spielplan wie folgt gestaltet werden:

Die sechs **Startfelder (S)** mit den jeweils vier Standflächen für die Spielfiguren werden in den Farben des „Mensch-ärgere-dich-nicht-Spiels“ ausgemalt, d. h. in den Farben rot, gelb, grün, blau, violett und schwarz. Der Rest des Spielplans kann beliebig gestaltet werden. Fertige Spielpläne werden in eine Prospekthülle geschoben.

Spielverlauf und Spielregeln

Es spielen bis zu 6 Spieler/innen. Jeder Spieler stellt die vier Spielfiguren seiner Farbe auf das entsprechende Startfeld.

Gewürfelt wird reihum im Uhrzeigersinn mit einem Würfel.

Um ins Spiel zu kommen, darf man bis zu dreimal würfeln. Wer eine 6 würfelt, würfelt gleich noch einmal und zieht die erwürfelte Augenzahl. Das Sternchenfeld vor dem eigenen Startfeld hat erst dann seine Gültigkeit, wenn ein Spieler eine vollständige Runde gelaufen ist.

Bei jeder 6 muss die nächste Spielfigur auf das Spielfeld. Erst, wenn man keine Figuren mehr im Startfeld hat, darf man nach einer 6 noch einmal würfeln und die addierten Augenzahlen gehen. Die 6 und die zweite Zahl dürfen nicht getrennt werden.

Es besteht Zugzwang, außer man muss seine letzte Spielfigur vor dem Ziel wegen zu hoher Augenzahl stehen lassen.

Spielfiguren dürfen auf dem äußeren und inneren Sechsecken übersprungen werden, auf den Speichen zum Ziel jedoch nicht.

Aufgabe des Spiels ist es, alle Spielfiguren seiner Farbe zum Ziel „**Z**“, dem Stern in der Mitte des Spielplans, zu führen.

Man zieht seine Figuren vom Startfeld im Uhrzeigersinn auf dem **äußeren Sechseck** rundherum; so lange, bis man auf einem Sternchenfeld landet. Auf dem äußeren Sechseck darf geschlagen werden.

Wer auf einem **Sternchenfeld** landet, darf im **inneren Sechseck** wieder im Uhrzeigersinn rundherum weiterziehen; so lange, bis er wieder auf einem Sternchenfeld hält. Auf dem inneren Sechseck darf nicht geschlagen werden. Es dürfen aber auch keine Felder doppelt belegt werden. Wer nur noch die Möglichkeit hat, dass seine Figur auf einem besetzten Feld zum Stehen kommen würde, muss stehen bleiben.

Ein Spieler, der auf einem Sternchenfeld im inneren Sechseck hält, darf über die **Speiche** zum Ziel weiterziehen. Auf der Speiche wird nicht geschlagen und auch nicht übersprungen. Auch hier gilt, dass derjenige, der nur noch die Möglichkeit hat, dass seine Figur auf einem besetzten Feld zum Stehen kommen würde, stehen bleiben muss.

Ziel des Spiels

Wer zuerst alle seine Spielfiguren mit einer genau passenden Augenzahl ins Ziel gebracht hat, hat das Spiel gewonnen.

Wer gewinnt das Herz?

Spieler/in: ____________________

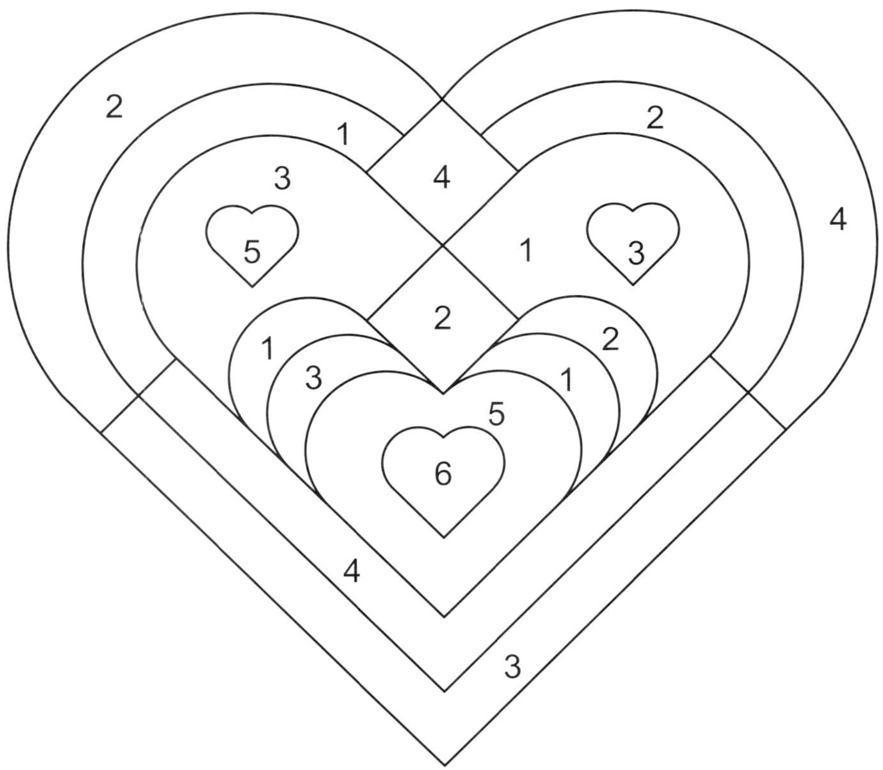

Wer gewinnt das Herz?

Spieler/in: ____________________

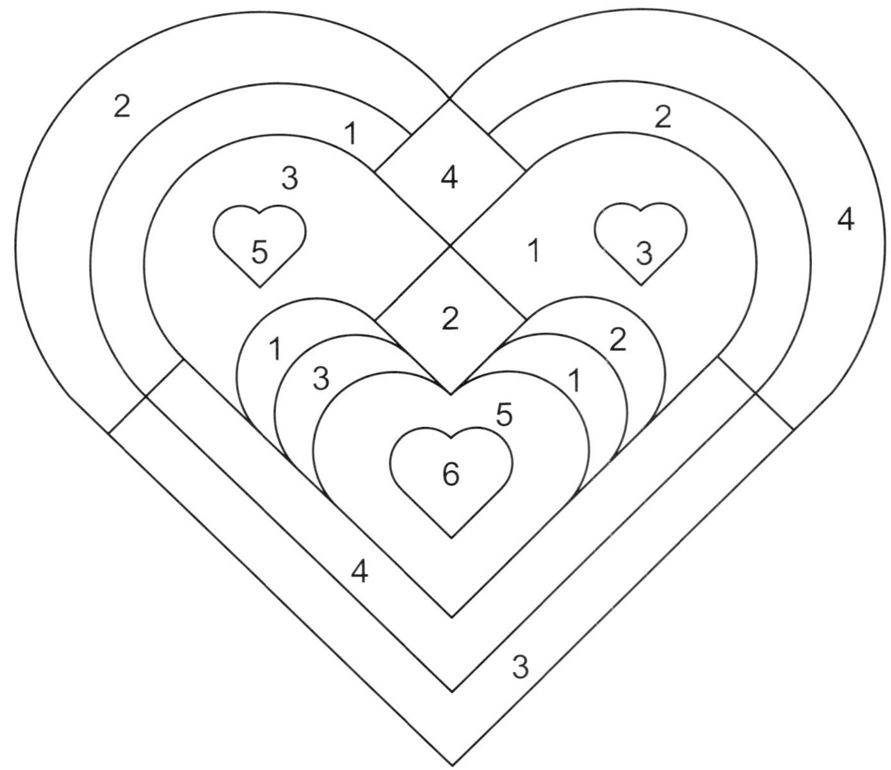

Wer gewinnt das Kreuz?

Spieler/in: ______________________

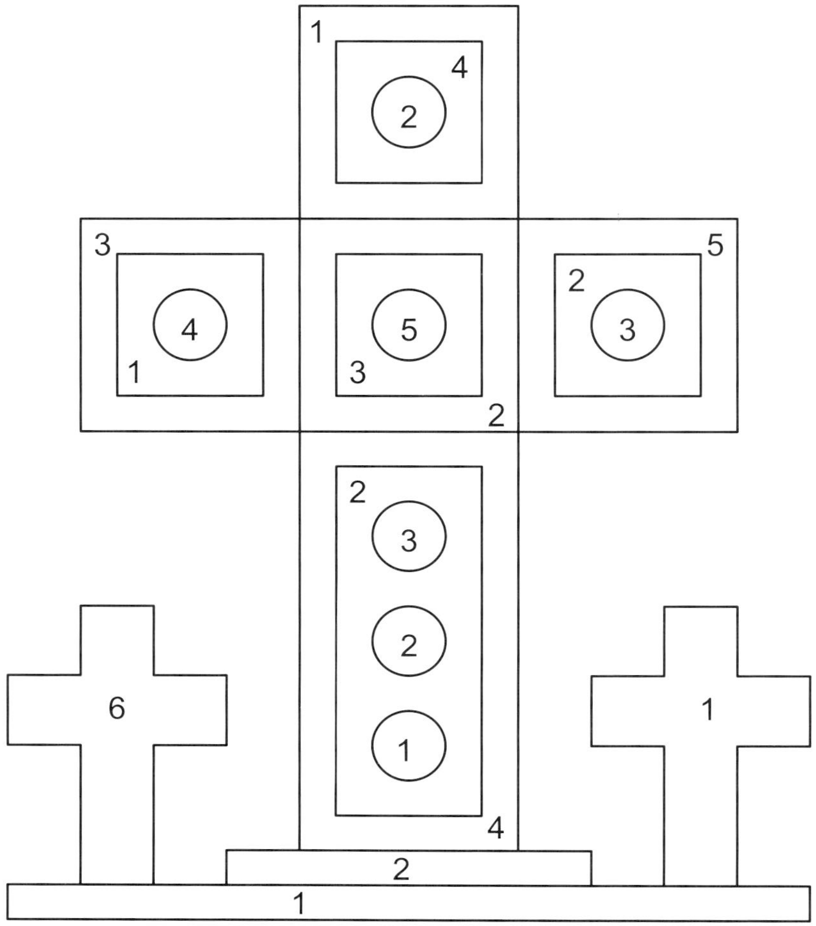

Wer gewinnt das Kreuz?

Spieler/in: ______________________

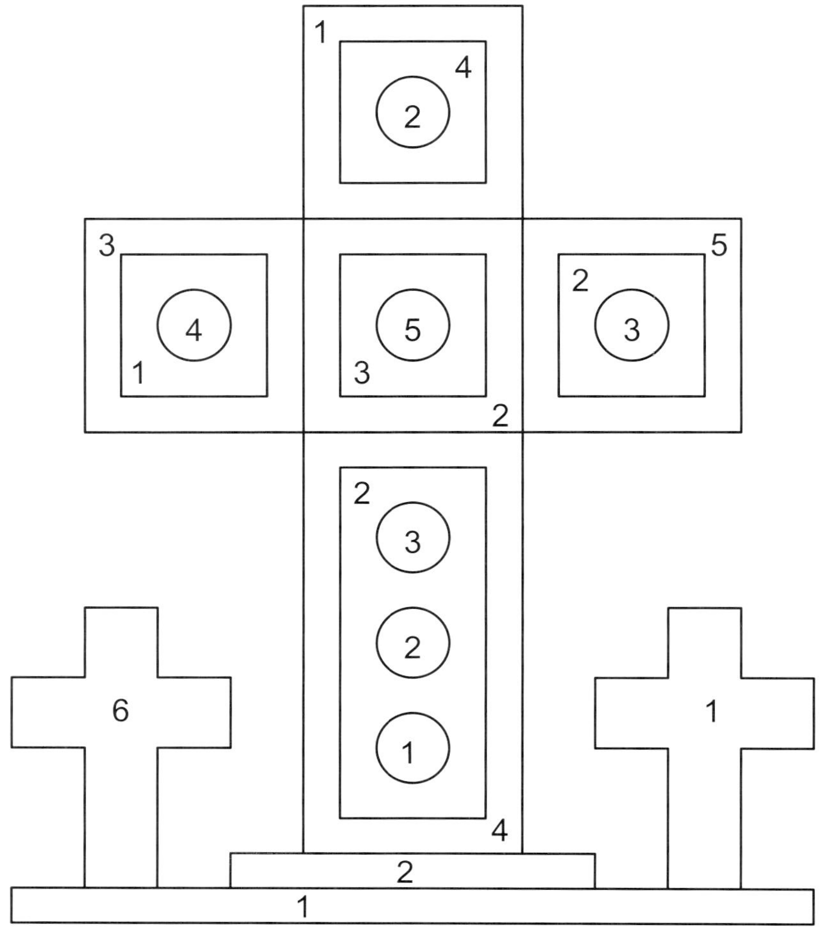

Wer gewinnt das Mandala?

Spieler/in: ______________________

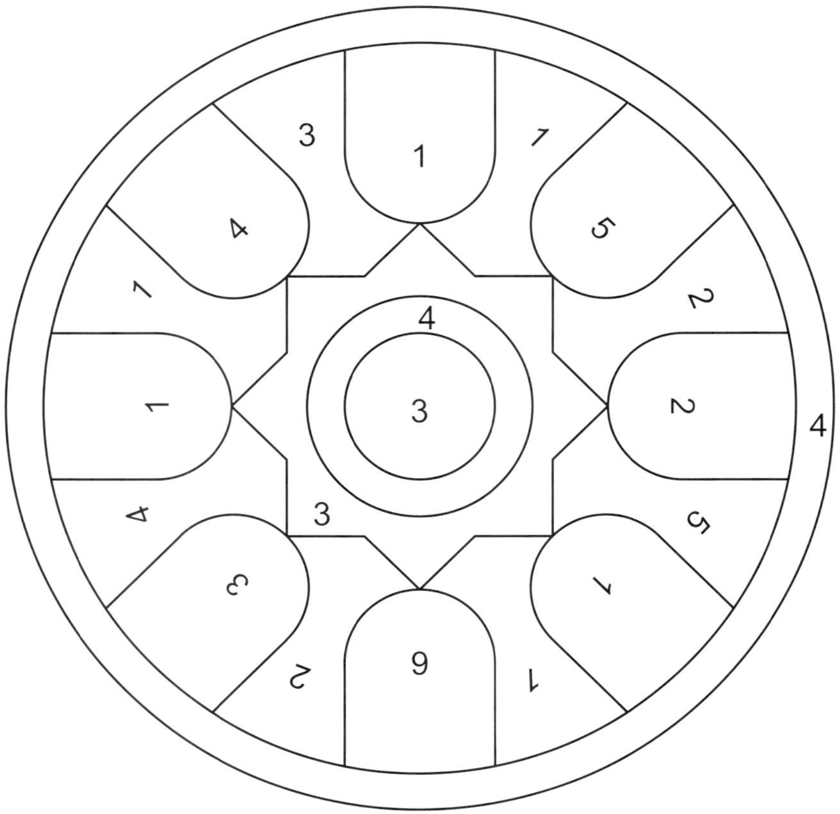

Wer gewinnt das Mandala?

Spieler/in: ______________________

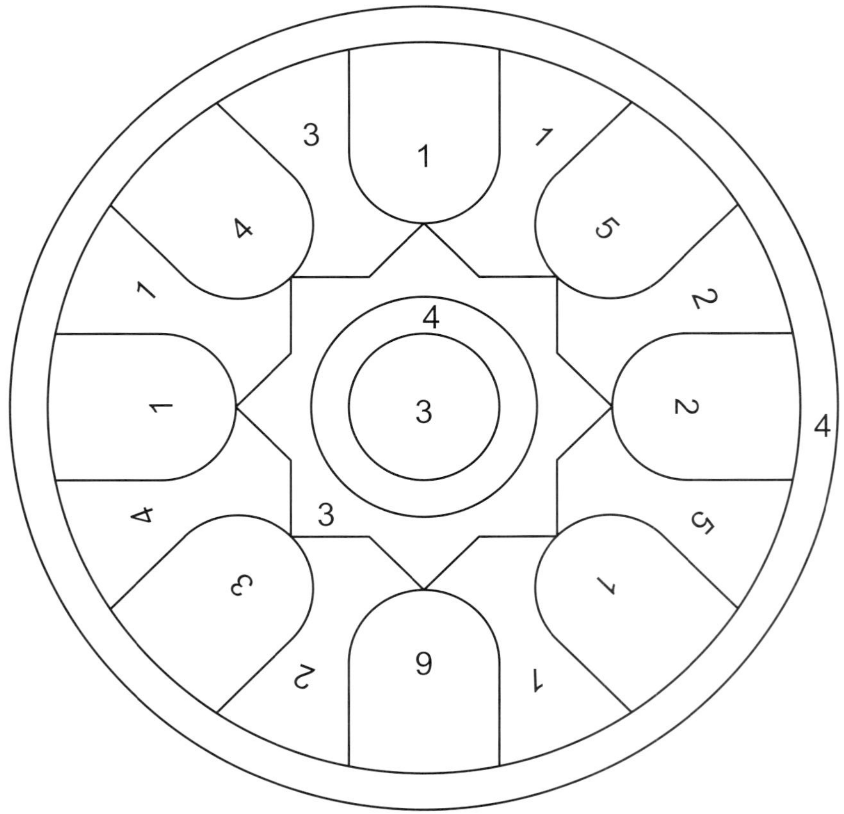

Wer gewinnt das Osterei?

Spieler/in: ______________________

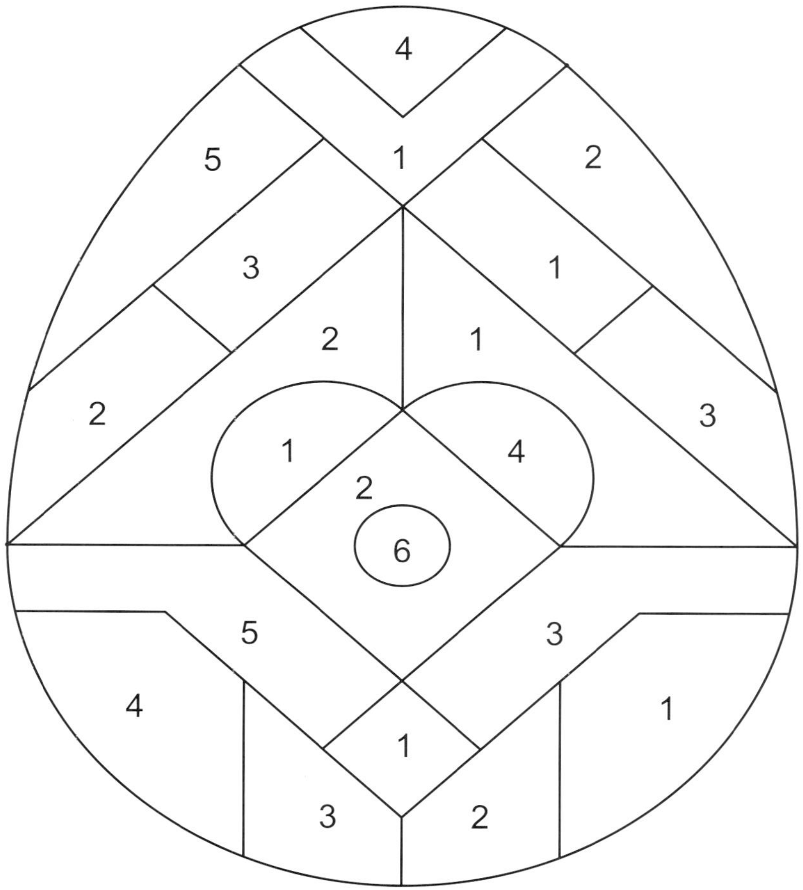

Wer gewinnt das Osterei?

Spieler/in: ______________________

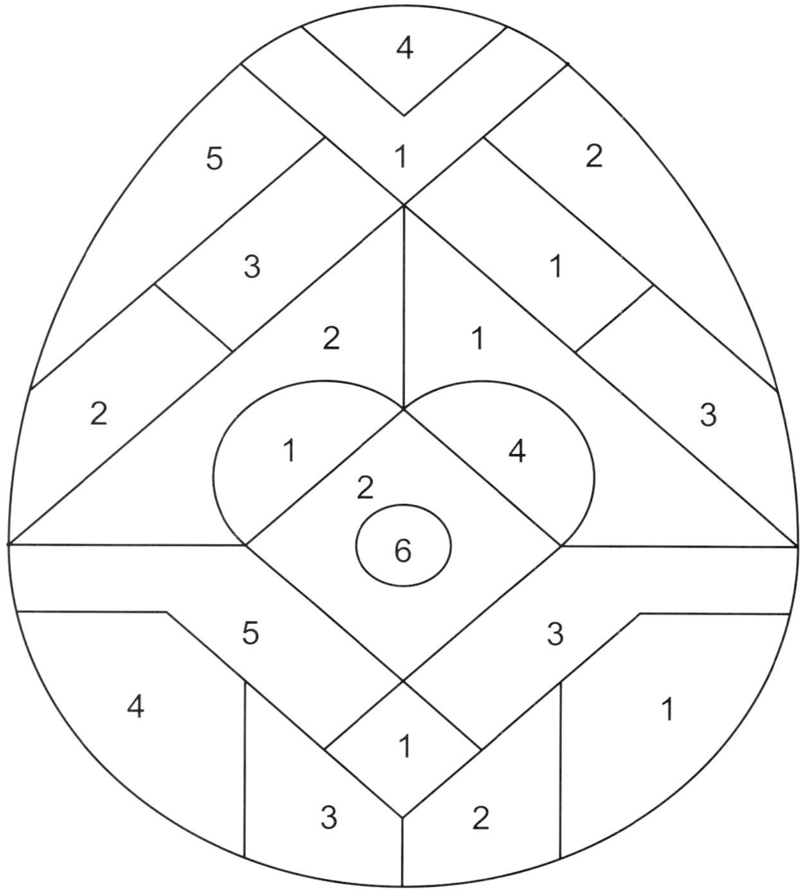

Wer gewinnt den Stern?

Spieler/in: ______________________

Wer gewinnt den Stern?

Spieler/in: ______________________

Wer gewinnt?

Vorbereitung, Spielregeln, Gestaltung

ab Klasse 1

Spielmaterial

Für das Spiel: Je ein Spielplan mit einem „Wer gewinnt“-Motiv pro Mitspieler/in (DIN A5 genügt), ein Würfel, Farbstifte.

Vorbereitung

Zunächst das gewünschte Motiv von „Wer gewinnt?“, die jeweils zwei gleiche Spiele enthalten, entsprechend der halben Teilnehmerzahl kopieren und die Kopien halbieren.

Das Spiel ist in großer Runde (bis zu 10 Spieler/innen) am unterhaltsamsten. Daher evtl. Tische zu einem großen Tisch zusammenstellen.

Jeder Spieler erhält ein Spielblatt und muss seine Farbstifte (Buntstifte oder Filzstifte) bereit halten, die er während des Spiels benötigt.

Spielverlauf

Es beginnt der Spieler, der in einer ersten Würfelrunde die niedrigste Zahl gewürfelt hat, da bekanntlich die Letzten die Ersten sein werden (Mt 19, 30).

Es wird reihum gegen den Uhrzeigersinn gewürfelt.

Jedes der Spielblätter hat ein Motiv, das die Zahlen 1 bis 6 enthält. Wenn ein Spieler nun würfelt, darf er ein seiner erwürfelten Zahl entsprechendes Feld ausmalen. Aber nur eins! Wenn er also ein Bild mit fünf 2er-Feldern hat, darf er nur ein 2er-Feld ausmalen. Das gilt für alle Ausmalfelder auf dem Spielbogen. Da im Verlauf des Spiels immer mehr Felder ausgemalt werden, hängt es vom Glück des jeweiligen Spielers ab, ob er die noch fehlenden Zahlen erwürfelt.

Für schlampiges Ausmalen oder Schummeln gibt es eine Runde aussetzen.

Die Farben, die ein Spieler verwendet, sind seiner Fantasie überlassen.

Ziel des Spiels

Wer sein Spielblatt zuerst komplett ausgemalt hat, hat das Spiel begonnen.

WORT-

									ⓑ		
									ⓑ		
Ⓖ	Ⓖ	R	B	Y	I	F	G	N	W		
		N	A	T	W	U	C	O	X		
		K	L	★	Ö	E	★	J	S		
		F	E	P	M	J	R	T	C		
		Ä	O	D	H	U	K	A	V		
		H	I	★	A	V	★	M	Z		
		M	L	E	N	O	B	I	P		
		S	U	D	Q	Ü	G	R	L	ⓖ	ⓖ
		ⓡ									
		ⓡ									

MEISTER

Ⓖ = grün

ⓑ = blau

ⓡ = rot

ⓖ = gelb

# WortMeister **Vorbereitung, Spielregeln, Gestaltung**	**ab Klasse 1**

Spielmaterial

Für das Spiel: Ein leerer Spielplan „WortMeister" (DIN A3), pro Spieler/in je 2 Spielfiguren in den Farben rot, grün, gelb und blau, viele WortMeister-Spielkarten, Zettel, Schreibstifte und ein Würfel.

Für die Gestaltung des Spiels: Ein Spielplan, Farbstifte (v. a. rot, grün, gelb und blau) und eine passende Prospekthülle.

Vorbereitung

Vor dem Spiel werden die **Spielkarten** kopiert und ausgeschnitten. Man legt sie als Stapel mit der Schrift nach unten neben den Spielplan.

Mit Hilfe der **Blankovorlage** können noch weitere Spielkarten hergestellt werden.

Die Kreisfelder werden wie auf dem Spielplan angegeben mit den Farben rot, gelb, grün und blau ausgemalt. Der restliche Spielplan kann nach Belieben gestaltet werden.

Jeder Spieler benötigt einen Zettel und einen Schreibstift.

Spielverlauf

Es spielen bis zu 4 Spieler/innen. Jeder Spieler stellt seine beiden Spielfiguren auf die entsprechenden Startfelder (= die Kreisfelder mit den Buchstaben). Es dürfen beide Spielfiguren im Spiel sein.

Gewürfelt wird reihum im Uhrzeigersinn. Es beginnt der jüngste Spieler. Bei einer 6 wird nicht noch einmal gewürfelt.

Jeder Spieler zieht zunächst eine Spielkarte und legt sie offen neben sich auf den Tisch.

Aufgabe des Spiels ist es, die Wörter der Spielkarte auf dem Zettel nachzuschreiben. Für jedes vollständig und richtig nachgeschriebene Wort erhält der Spieler die auf der Spielkarte links vor dem Wort stehende Punktzahl.

Beispiel einer Spielkarte

WORTMEISTER

3	PRIESTERAMT
2	MESSNER
1	KIRCHE

Beispiel: Die Begriffe auf der Spielkarte haben folgenden Wert: KIRCHE = 1 Punkt, MESSNER = 2 Punkte und PRIESTERAMT = 3 Punkte.

Das **Nachschreiben der Begriffe** einer Spielkarte geht folgendermaßen:

Man würfelt und zieht mit einer seiner beiden Spielfiguren die erwürfelte Augenzahl. Man darf vorwärts, rückwärts, nach rechts oder nach links über das Buchstabenfeld ziehen, niemals aber diagonal.

Man muss versuchen, auf einen Buchstaben zu treffen, den man benötigt. Bei der Beispielkarte oben benötigt der Spieler zunächst das „K", „M" oder „P".

Wenn es gelingt, auf einen Buchstaben zu ziehen, den man gerade benötigt, dann darf man diesen auf dem Zettel notieren.

Man darf alle Wörter gleichzeitig schreiben, muss aber von links nach rechts schreiben. Es ist nicht erlaubt, die Buchstaben eines Begriffes durcheinander zu sammeln.

Beispiel: Der Begriff ist „KIRCHE". Drei Buchstabenfelder wurden schon erreicht.
a) K I R ___ ___ ___ → richtig   b) K ___ R ___ ___ E → falsch!

Glück hat der Spieler, der auf ein **Sternchenfeld** gelangt. Dieses gilt wie ein Joker und der Spieler darf einen beliebigen Buchstaben, den er gerade benötigt, auf seinem Zettel notieren (im Beispiel wäre es das „C" von KIRCHE).

Es ist nicht erlaubt, dass mehrere Spieler auf einem Buchstaben- oder Sterchenfeld stehen. Auch darf man keine Spielfigur überspringen.

Man muss auf jeden Fall ziehen. Daher kann es unter Umständen möglich sein, dass man in eine ganz andere Richtung ziehen muss, weil die Figur eines Mitspielers im Weg steht.

Wenn ein Spieler an den **Spielfeldrand** kommt, darf er entweder die restlichen Augenzahlen verfallen lassen, oder nach rechts oder nach links weiterziehen.

Ziel des Spiels

Gewinner des Spiels ist derjenige, der nach Ablauf einer vorher festgesetzten Zeit die meisten Punkte erreicht hat. Es ist auch möglich, dass derjenige gewinnt, der alle drei Begriffe einer Spielkarte vollständig erarbeitet hat.

Spielvariationen

a) Es wird nur eine Karte gezogen und alle Spieler/innen versuchen, die dort notierten Begriffe zu erwürfeln. Wem dies gelingt, der erhält die Karte sowie die Punktzahl seines erwürfelten Begriffs.

b) Man darf auch diagonal ziehen und die Figuren der anderen Spieler/innen überspringen.

c) Man darf die Buchstaben durcheinander sammeln, Hauptsache, sie gehören zu einem der drei Begriffe auf der Spielkarte.

WortMeister – Blankokarten

WORTMEISTER

3	
2	
1	

WORTMEISTER

3	
2	
1	

WORTMEISTER

3	
2	
1	

WORTMEISTER

3	
2	
1	

WORTMEISTER

3	
2	
1	

WORTMEISTER

3	
2	
1	

WORTMEISTER

3	
2	
1	

WORTMEISTER

3	
2	
1	

WORTMEISTER

3	
2	
1	

WORTMEISTER

3	
2	
1	

WortMeister – Kartenset 1

WORTMEISTER

3	PRIESTERAMT
2	MESSNER
1	KIRCHE

WORTMEISTER

3	KIRCHTURM
2	GEWAND
1	ORGEL

WORTMEISTER

3	TESTAMENT
2	KAPELLE
1	GOTT

WORTMEISTER

3	KONFIRMATION
2	KLOSTER
1	JESUS

WORTMEISTER

3	PATENONKEL
2	LUTHER
1	BIBEL

WORTMEISTER

3	GEMEINDE
2	WEIHE
1	MARIA

WORTMEISTER

3	WEIHWASSER
2	MISSION
1	GEBET

WORTMEISTER

3	WELTKIRCHE
2	PREISEN
1	LIEBE

WORTMEISTER

3	PALMSONNTAG
2	HEILIGE
1	TAUFE

WORTMEISTER

3	KREUZIGUNG
2	MANDALA
1	KERZE

WortMeister – Kartenset 2

WORTMEISTER

3	TAUFPATE
2	FRIEDEN
1	KREUZ

WORTMEISTER

3	KOMMUNION
2	MÜNSTER
1	ALTAR

WORTMEISTER

3	FIRMUNG
2	ADVENT
1	MOSE

WORTMEISTER

3	SAKRAMENT
2	OSTERN
1	ADAM

WORTMEISTER

3	PROPHET
2	HOSTIE
1	JOSEF

WORTMEISTER

3	OSTERKERZE
2	NIKOLAUS
1	ENGEL

WORTMEISTER

3	FRIEDHOF
2	SONNTAG
1	WEIN

WORTMEISTER

3	RELIGION
2	ADVENT
1	MESSE

WORTMEISTER

3	KATHOLISCH
2	SEGNEN
1	BROT

WORTMEISTER

3	EVANGELISCH
2	FEIERN
1	KELCH

WortMeister – Kartenset 3

WORTMEISTER

3	KIRCHWEIH
2	BUDDHA
1	MÖNCH

WORTMEISTER

3	WEIHNACHTEN
2	MEDINA
1	NONNE

WORTMEISTER

3	EVANGELIUM
2	PFARRER
1	AMBO

WORTMEISTER

3	MINISTRANT
2	PORTAL
1	VIKAR

WORTMEISTER

3	BETLEHEM
2	LESUNG
1	DOM

WORTMEISTER

3	KATHEDRALE
2	BISCHOF
1	PAPST

WORTMEISTER

3	GALILÄA
2	MOSCHEE
1	KANA

WORTMEISTER

3	JERUSALEM
2	KANAAN
1	ISLAM

WORTMEISTER

3	JUDENTUM
2	HIMMEL
1	ALLAH

WORTMEISTER

3	SYNAGOGE
2	ISRAEL
1	LEBEN

WortMeister – Kartenset 4

WORTMEISTER

3	KARWOCHE
2	SYMBOL
1	EVA

WORTMEISTER

3	CHRISTBAUM
2	MARTIN
1	JONA

WORTMEISTER

3	ERNTEDANK
2	GLOCKEN
1	JUDAS

WORTMEISTER

3	KAFARNAUM
2	PETRUS
1	HEIL

WORTMEISTER

3	ELISABET
2	WUNDER
1	SANKT MARTIN

WORTMEISTER

3	WETTERHAHN
2	DANKEN
1	SINAI

WORTMEISTER

3	GLEICHNIS
2	PAPYRUS
1	KORAN

WORTMEISTER

3	GOTTESREICH
2	ÄGYPTEN
1	TORA

WORTMEISTER

3	NAZARET
2	GEBOTE
1	PSALM

WORTMEISTER

3	SCHÖPFUNG
2	JORDAN
1	ISAAK

WortMeister – Kartenset 5

WORTMEISTER

3	SCHUTZENGEL
2	BEICHTE
1	CHRIST

WORTMEISTER

3	FRANZISKUS
2	APOSTEL
1	BUSSE

WORTMEISTER

3	PFINGSTEN
2	JÜNGER
1	ORDEN

WORTMEISTER

3	WEIHRAUCH
2	BISTUM
1	EHE

WORTMEISTER

3	AUFERSTEHUNG
2	ABRAHAM
1	GEIST

WORTMEISTER

3	ALLERSEELEN
2	PFARREI
1	SEELE

WORTMEISTER

3	BUSSTAG
2	KRIPPE
1	KAIN

WORTMEISTER

3	SINTFLUT
2	KAPLAN
1	ABEL

WORTMEISTER

3	REFORMATION
2	SCHALOM
1	JAHWE

WORTMEISTER

3	PESSACHFEST
2	HERODES
1	DAVID